환경동네 이야기

환경동네 이야기

이제 환경은 세계를 지배하는 새로운 패러다임이 되었다

신현국 지음

ries & book

이 책을 환경동네 식구들에게 바칩니다.

환경가족

　먼저 아빠의 '환경동네 이야기'의 출간을 진심으로 축하
드립니다. 단순히 딸로써 뿐만 아니라 환경을 전공한 환경인
의 한 사람으로 축하드리고 싶습니다. 아빠가 환경 책을 출간
한 것은 이번이 처음은 아니지만, 이번 '환경동네 이야기'는
아빠의 30년 가까운 환경 인생을 총정리했다는 것에서 그 의
미를 찾고 싶습니다.

　아빠가 환경 분야에 관심을 갖게 된 것은 1970년 후반,
KAIST를 졸업하고 농촌진흥청에서 사무관으로 공직 생활을
시작하면서부터라고 합니다. 당시 아빠는 농업 연구 분야에
서 근무를 하셨는데, 농업 분야의 환경 문제에 관심을 갖게
된 것이 환경을 하게 된 계기였다고 합니다. 그러나 아빠가
환경 일을 본격적으로 한 것은 1980년 환경청이 생기고 그곳

으로 자리를 옮긴 후라고 들었습니다. 그때부터 아빠는 환경
매니아가 되신 것 같습니다. 환경 분야의 박사학위도 받고 환
경 기술사도 2개나 땄으며 대학에 출강도 하셨습니다.

　솔직히 제가 환경을 전공하게 된 것도 결국 환경 매니아인
아빠 때문입니다. 처음에는 아빠와 같은 길을 걷고 싶지 않았
습니다. 그러나 아빠의 끈질긴 설득(?) 때문에 환경에 입문을
했습니다. 환경 공부가 힘들 때는 후회도 했지만 지금 와서
되돌아보니 잘 선택했다는 생각이 듭니다. 특히 쌍둥이 동생
과 함께 서울대 환경대학원을 졸업할 때는 아빠에게 감사한
생각이 들었습니다. 대학원 다닐 때 동생과 저의 진짜(?) 지
도 교수는 아빠였습니다. 논문의 주제 선택에서부터 데이터
분석에 이르기까지 늘 아빠와 먼저 의논하곤 했습니다. 직장
생활을 시작한 지금도 크고 작은 일들을 아빠와 상의하곤 합
니다. 저뿐만 아니라 환경 분야 연구원에 다니는 동생도 마찬
가지입니다. 집안에서도 화제의 상당 부분은 자연스럽게 환

경 이야기입니다. '환경가족'이라고 할까요.

막내 남동생은 환경을 전공하지 않겠다고 해서 문과를 선택했습니다. 그런데 지난달 군 복무중인 막내가 휴가를 나와서 이런 얘기를 했습니다.

"누나, 나 아빠처럼 환경 공무원 했으면 좋겠는데…."

"너도 또 환경이냐?"

당구풍월이랄까. 막내도 환경에 대해서는 보통 사람과는 다릅니다. 우리 가족 중 진짜 환경 전문가는 엄마입니다. 아빠와 쌍둥이 두 딸이 환경을 전공하다 보니 엄마는 어느덧 환경 전문가 중 상 전문가가 되었습니다. 특히 실천 환경은 가족 중 으뜸입니다.

'환경가족'에는 우리 집 직계 외에도 2명의 '환경가족'이 더 있습니다. 고종사촌 오빠(큰고모 아들)는 환경부에서 과장(서기관)으로 있고, 고종사촌 언니(둘째고모 딸)는 경인환경청에서 주사(主事)로 근무하고 있습니다. 30여 년 전 아빠가 우연찮게 환경과 인연을 맺은 탓인지는 몰라도 지금은 환경가족으로 오순도순 모여 앉았습니다.

이번 '환경동네 이야기'는 아빠가 그 동안 메모하고 기록해 두었던 환경동네의 크고 작은 얘기들을 정리한 것이 바탕이 되었지만, 우리 환경가족의 역할도 빼놓을 수 없습니다. 책 제목에서부터 세부 내용까지 함께 고민한 환경가족의 공동 작품이라고 해야 할 것입니다. '환경동네 이야기'는 역대 대통령의 환경 이야기에서부터 환경 장관들의 얘기, 크고 작은 현장의 얘기들을 집대성한 것으로, 환경을 전문으로 하는 사람이나 환경에 관심을 갖고 있는 모든 분들에게 도움이 되리라 믿습니다.

큰딸 지형

■ 차례

Part 2 환경동네 사람들

Part 1
환경동네

1장

환경 시대가
열리다

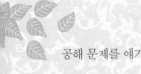

공해 문제를 얘기하다가 빨갱이로 몰렸는가 하면

공해 조사 결과를 발표했다가

중앙정보부의 특별 조사를 받은 사람도 있었다.

소위 환경 암흑 시대였다.

이제 환경은 세계를 지배하는 새로운 패러다임이 되었다.

이름하여 환경의 시대가 온 것이다.

환경 암흑 시대
|

"당신은 빨갱이보다 더 나쁜 사람이야. 앞으로 내 앞에서 공해 문제 운운하는 사람은 가만두지 않을 거야."

1960년대 후반 경제기획원 부총리실에서 당시 보건사회부 위생국장 S씨가 공해 분야에 대한 예산 증액의 필요성을 설명하였을 때 K부총리가 한 말이었다.

뿐만 아니다. 부산에 있는 한 대학 교수의 '낙동강 수질 오염 실태'라는 보고서가 유출되어 신문에 보도되자 그는 당시 중앙정보부에 불려가 특별 조사를 받았다.

"당신 무슨 저의로 이 따위 연구를 했어? 사회를 혼란에 빠뜨리려고 한 것이지? 누구의 사주를 받았어?"

1960년대까지만 해도 공해 문제는 교과서에서나 존재하는 남의 나라 얘기였다. 그러던 것이 1970년대에 들어서면서 상황이 바뀌었다. 울산·온산 등 주요 공단과 도심 지역을 중심으로, 환경 오염에 대한 사례가 신문·방송에 보도되기 시작했다.

공해(公害)란 무엇인가? 사전이나 환경 책에서는 '불특정 다수인에게 피해를 주는 오염 행위'라고 설명한다. 공해는 사해(私害)와 반대되는 말로, 사해에 비해서 피해 범위가 넓고 크다. 쉽게 얘기하면 공해란 한 사람에게만 득이 되고 그 사람 주변에 있는 여러 사람에게 피해를 주는 행위이다. 즉 한 사람의 이익 때문에 여러 사람이 손해를 보는 것이다. 그래서 공해는 나쁜 것이고 공해를 법으로 규제하고 있다.

"현행 헌법에도 국민의 기본권으로서의 환경권(環境權)[*]이 설정되어 있어요. 환경권의 구체적 내용들은 법, 법률로 정하고 있습니다. 30개가 넘는 환경법은 코에 걸면 코걸이, 귀에 걸면 귀걸이예요. 걸면 다 걸려요. 환경 때문에 사업을 못하겠다고 불평하는 사람들이 많을 만큼 세상이 바뀌었어요. 21세기는 환경의 시대입니다. 환경이 세계를 지배하는 새

---

* 환경권은 헌법 제 35조에 명시되어 있다. 모든 국민은 건강하고 쾌적한 환경에서 생활할 권리를 가지며 국가와 국민은 환경 보전을 위하여 노력해야 한다고 규정하고 있다. 환경권의 세부 내용은 법과 법률로 규정하고 있다.

로운 이슈가 되었습니다."

환경관리인연합회 이용운 전 회장의 설명이다.

우리나라에도 환경의 시대가 열린 것이다. 환경을 알아야 한다. 환경 문제를 극복하고 환경을 선도하는 기업만이 성공할 수 있는 시대가 된 것이다.

새로운 패러다임, 환경

|

"이제 환경 기준을 못 맞추면 수출도 못합니다. 세계 자동차 시장의 판도도 환경 기준이 좌우합니다."

현대자동차의 한 임원의 설명이다.

지구의 나이가 45억 년인 것에 비해 인류가 지구상에 나타난 것은 10만 년이 채 안 된다. 만약 지구의 시간을 45년으로 보면 인류가 차지한 시간은 6시간 정도에 불과하다. 산업혁명은 바로 1분 전에 시작된 셈인데 이 1분 동안에 인구 문제, 에너지 문제, 환경 문제가 대두되었다.

지구가 탄생한 이래 공기 한 분자, 물 한 방울, 티끌 하나도 지구 밖으로 빠져나간 적이 없다. 인간들이 만들어낸 온갖 쓰레기와 오염 물질도 지구의 자정 작용에 의해 정화되지 않는다면 결국 우리 스스로 뒤집어쓰게 되어 있다. 지구라는 우주선에는 비상 탈출구도 없다. 지구촌의 환경 문제는 이제 몇몇 학자들만의 기우가 아니라 심각한 현실로 다가오고 있다.

오존층 파괴, 엘니뇨, 라리냐, 지구 온난화, 산성비 등 가시적인 현상들이 지구촌 도처에서 발생하고 있다. 또한 이상 난동, 미증유의 홍수, 태풍이 지구촌 아니 환경동네 곳곳에서 발생하고 있다.

"환경 위기입니다. 환경 때문에 인류가 멸망할 수도 있지요."

조선일보 한삼희 논설위원의 지적이다.

이제 환경 문제는 국방, 외교, 경제 문제와 함께 환경동네의 공통 관심 사항이 되었다. 환경을 모르고는 정치도, 사업도 힘든 세상이 되었다. 21세기 경제 태풍으로 불리는 온실가스 규제를 위한 기후 변화협약이 채택되어 이미 규제가 가시화되었고, GATT를 중심으로 환경 무역 규제가 새로운 무역 장벽으로 등장하였다. 자동차, 냉장고 등 각종 제품들도 나라별로 엄격한 환경 기준을 적용받고 있다.

환경친화적(environmentally friendly)이라는 말은 거의 모든 분야에서 약방의 감초처럼 등장하는 단골 메뉴가 되었다. 상품도 환경친화적이어야 함은 두말할 필요도 없다. 이제 환경은 세계를 지배하는 새로운 패러다임이 되었다.

다보스 환경지수

|

'한국, 다보스 환경 지수 95위.'
'한국, 환경 문제 많다.'

2000년 10월 말 주요 일간 신문에 실린 기사 제목이다.

당시 스위스 다보스에서 열린 세계경제포럼(WEF)*은 전세계 122개 국가를 대상으로 각국의 환경 상태와 삶의 질 등을 토대로 국가 별 환경 점수를 매겨 발표하였다.

우리나라는 환경 지속성 지수(ESI)에서 40.3점(세계 평균 49.5점)을 받아 122개 평가 국가 중 95위에 머무는 것으로 나타났다.

"다보스의 발표는 세계경제포럼이 미국 예일대, 콜롬비아대 등에 의뢰하여 2년간 공동 연구 조사한 것입니다. 평가 항

---

* 세계경제포럼(WEF)은 유엔 산하 기구이다.

목, 평가 방법에서 논란이 있을 수 있습니다. 환경이란 대기, 수질, 폐기물 등 자연 환경에서부터 사회 경제 환경에 이르기까지 매우 복잡한 구조적 특성을 지니고 있는데, 이를 평가하여 순위를 매긴다는 자체가 매우 어려운 문제입니다."

환경정책평가연구원의 한 관계자의 설명이다.

평가라는 것이 때로는 매우 주관적이고, 평가 기준에 따라 엄청난 차이가 나는 게 사실이다. 그러나 세계환경포럼의 평가는 시사하는 바가 매우 크다. 우선 1992년 리우환경회의 이후 본격적으로 대두된 '지속 가능성(持續可能性)'이 이제 전 세계를 지배하는 새로운 가치 기준으로 확고히 자리 잡고 있다는 사실이다. 그리고 이들이 앞으로 국가 간의 평가에서 중요한 잣대가 될 수 있음을 시사하고 있다.

"개발, 개발하는데 반성해야 돼요. 도대체 누구를 위한, 무엇을 위한 개발인가요. 환경 95위가 무엇입니까. 환경이 나빠지고 건강을 해치며 후손들에게까지 피해를 주는 개발이라면 신중해야 합니다."

평가원 관계자의 열변을 우리 모두 새겨들어야겠다.

생명의 문제

|

지구를 살려야지
자연을 살려야지
(중략)
내일이면 늦으리.
우리의 환경

     – 김황희 「내일이면 늦으리」

'사람이 공기 없이 얼마나 살 수 있을까?'

'물이 없다면 어떻게 될까?'

'먹지 않고 얼마나 견딜 수 있을까?'

이 가설에 대해 의학계에서는 '3 · 3 · 3 이론'을 제시하고 있다. 즉 공기 없이 3분간 살 수 있고, 물 없이 3일간 견딜 수 있으며, 음식은 3개월을 안 먹고도 생존이 가능하다는 뜻이다. 이 이론은 물, 공기 등 환경의 중요성을 얘기해 준다.

1967년 당시 37세였던 양창선 씨는 충남 청양군 구봉광산에 매몰되었다가 16일 만에 구조되었는데, 하루에 물 1컵 정도를 마시며 버텼다고 한다. 1995년 삼풍 사고 당시 19세였던 박승현 양은 물 한 잔 마시지 않고 15일간을 생존하였다. 당시

의학계에서는 기적 같은 사실이 발생하였다고 평가하였다.

"과외비로 한 달에 몇 백만 원씩 지출하면서도 물 값 1천 원, 2천 원은 아깝고 비싸다고 해요. 기업인들도 마찬가지예요. 룸살롱, 골프 접대비로 한 달에 수천만 원을 쓰면서 환경 정화 시설의 전기비는 10만 원, 20만 원이 아깝다고 해요."

한국소비생활연구원 김연화 박사의 설명이다.

물·공기로 대변되는 환경 문제는 해도 그만 안 해도 그만인 선택의 문제가 아니라, 우리는 물론 우리 후손이 살아갈 생명의 문제이다. 물과 공기는 수입할 수도 없다. 우리 강토는 우리 후손들에게 잠시 빌렸다고 생각해야 한다. 후손에게 빌렸다면 깨끗하게 잘 사용하고 주인인 후손들에게 온전하게 물려주는 것이 도리일 것이다.

2장
환경동네의
법과 원칙

환경동네에는 200만 종에 달하는 대가족이 살고 있다.

소도 있고 말도 있고 꽃도 있고 나무도 있고 사람도 있다.

이들은 참으로 사이가 좋았다. 서로 돕고 협조하며 잘 지냈다.

그런데 요즈음 들어 환경동네에 문제가 생겼다.

사람들 때문이다. 사람들이 수천 년, 수만 년 전부터 지켜오던

환경동네의 법과 원칙을 깨고 있다.

환경동네

|

환경동네는 매우 복잡하다. 사람도 있고 개도 있고 소도 있고 말도 있다. 아름다운 꽃도 있고 못생긴 꽃도 있다. 꾀꼬리도 있고 참새도 있다. 어디 그뿐인가? 파리도 모기도 쥐도 있으며 징그러운 뱀도 있다.

200만 종이 넘는 각기 다른 가족들이 저마다 분주하고 바쁘게 움직이고 있다. 전문가들은 환경동네를 생태계(生態系)[*]라고 부른다.

그렇다면 환경동네의 주인은 누구일까? 사람이 주인일까? 그렇지 않다. 사람이 제일 영리하고 똑똑하긴 하지만 사

---

[*] 생태계는 크게 생산자(生産者), 소비자(消費者), 분해자(分解者) 등 3대 요소로 구성되어 있다.

람이 없다고 환경동네가 탈날 건 없다. 사람이 없으면 환경동네는 오히려 지금보다 훨씬 평화로울 것이다. 그렇다면 호랑이나 사자가 주인일까? 물론 그것도 아니다. 그러면 풀, 나무가 주인일까?

"환경동네에는 아름다운 장미, 꾀꼬리가 있는가 하면 모기, 파리, 쥐, 뱀도 있지요. 이들은 서로 도움을 주며 잘살아가고 있어요. 먹이사슬(food chain)* 때문입니다."

교원대 이상선 교수의 설명이다.

자동차 1대가 굴러가기 위해서 수만 개의 부품이 필요하듯이 환경동네도 여러 종류의 생물들이 각기 제 역할을 할 때 균형을 유지하고 모두 잘살 수 있다.

자동차는 엔진이나 핸들, 바퀴만이 중요한 것이 아니다. 엔진 속에 있는 작은 볼트, 너트 하나라도 제자리에 없다면 자동차는 온전하게 굴러가지 못한다. 마찬가지로 환경동네의 모든 생명체들은 각각 나름대로의 역할과 기능이 있다. 환경동네에는 다들 맡은 일감이 각각 있다. 새도 풀도 나무도 토

---

* 먹이사슬(food chain)이란 생태계의 먹고 먹히는 연결 고리를 말한다. 예를 들면 식물성 플랑크톤→ 동물성 플랑크톤→ 작은 물고기→ 큰 물고기→ 사람으로 이어지는 사이클을 말한다.

끼도 사람도 심지어는 미생물까지도 다들 자기가 맡은 역할
이 있다. 환경동네의 모든 식구들이 다 똑같이 주인이다.

미생물
|

'지금 시점에서 미생물이 없어진다면 지구 생태계는 어떻게
되겠는가?'

　필자가 1975년 KAIST 입학 시험에 응시했을 때 생물공학
의 전공 시험 문제였다. 지금 기억으로는 제대로 답을 못 쓴
것 같다. 미생물이 없다면 환경동네는 어떻게 될까?

　크기가 작아 육안으로는 보이지 않는 아주 작은 생명체인
미생물이 없다면 우선 콜레라 · 에이즈 · 사스 같은 전염병이
없어질 것이고, 음식물을 오래 두어도 상하지 않을 것이다.
미생물 때문에 사람들이 그동안 얼마나 많은 피해를 보았는
가? 페스트, 호열자, 결핵, 나환자… 어디 그뿐인가? 구제역,
돼지 콜레라, 광견병 등 가축 질환도 무수히 많았다. 미생물
을 퇴치하기 위해 얼마나 많은 시간과 노력을 기울였는가?

　과연 미생물이 없다면 살기 좋은 세상이 될까? 그렇지 않
다. 미생물이 없다면 발효 식품인 김치 · 된장 · 고추장 · 술을

만들 수 없을 것이고, 사람이 죽어도 썩지 않고, 죽은 나무, 떨어진 낙엽도 10년, 100년이 지나도 그대로 있을 것이다.

"지구상에 존재하는 원료에 해당하는 원소(元素)는 항상 일정합니다. 결코 무한정 존재하는 게 아닙니다. 이를테면 지구촌에 존재하는 탄소(C), 수소(H), 산소(O_2)의 총량은 일정하다는 것이지요. 그것들은 때로는 풀이 되었다가 소가 되기도 하고 사람이 되기도 합니다. 만약 이 세상의 모든 원소들이 풀, 나무, 소, 돼지 등으로 고정되어 있다고 가정해 보십시오. 원료(원소)가 고갈되는 어느 시점에 가면 더 이상 풀도 나무도 자랄 수가 없지요. 결국 환경동네의 순환은 끊기게 됩니다. 환경동네의 순환을 이어주는 것이 미생물입니다. 풀, 나무, 소, 말 등을 썩게 해서 다시 원료로 되돌려 줍니다. 이렇듯 환경동네에서 미생물은 참으로 소중한 존재입니다."

교원대 이상선 교수의 설명은 우리 모두가 되새겨 볼 말이다.

쥐, 파리
|

'쥐새끼 같은', '파리 목숨'에서 보듯이 쥐나 파리는 정말 보

잘 것 없는 미물(微物)이다. 우리나라에 서식하는 쥐는 대략 1억 마리에 육박하는 것으로 알려져 있다.

"쥐 한 마리가 연간 소비하는 곡식의 양이 4~5kg 가까이 되지요. 쥐로 인해 소모되는 양곡의 양이 연간 200~300만 석에 달하니 실로 엄청난 양입니다."

농림부 관계자의 설명이다.

쥐는 우리들의 소중한 양식을 축낼 뿐만 아니라 유행성 출혈증, 이질 같은 전염병을 옮기는 중간 숙주 역할을 한다. 쥐는 사람들의 입장에서 보면 정말 백해무익하다.

"쥐는 바이러스, 세균 등 미생물을 옮겨주는 역할을 합니다. 미생물은 워낙 작아서 스스로는 움직일 수가 없기 때문에 누군가가 옮겨주어야 해요. 쥐가 바로 미생물을 옮겨주는 역할을 합니다. 쥐는 구석구석을 다니며 미생물을 몸에 묻혀 이곳저곳에 옮깁니다."

이상선 교수의 설명이다.

파리는 어떤가? 파리는 애벌레 때 화장실(똥통)에서 부화하여 성충이 되면 날아다닌다.

"파리는 화장실의 미생물을 공기 속으로, 땅으로 옮기는 역할을 합니다. 이를테면 육해공(陸海空)을 다니면서 미생물을 옮기고 있습니다."

사람에게 해로운 쥐, 파리들도 환경동네에서는 분해자인 미생물을 운반하고 옮기는 중요한 역할을 하고 있는 것이다.

"가장 보잘것없고 사람들에게 백해무익하다고 여겨지는 미생물, 쥐, 파리 등도 환경동네에서는 다 필요한 가족이지요."

이 교수의 보충 설명이다.

녹색

"모든 생명의 출발은 녹색입니다. 말하자면 녹색＝생명입니다. 지구촌도 풀과 나무들이 없다면 화성, 목성과 다를 바가 없습니다. 쥬라기 시대의 공룡도 녹색 식물이 사라지자 함께 멸종되지 않았습니까."

이상선 교수의 '녹색 생명론' 이다. 녹색은 환경동네 생명의 원천이다. 풀과 나무들이 없다면 소도 말도 돼지도 사람도 살 수가 없다.

"녹색 식물이 지구 상에 나타난 게 몇 백만 년 전입니다. 바다 속의 이끼류가 차츰 진화해서 풀과 나무가 되었습니다. 풀과 나무가 녹색으로 보이는 것은 엽록소(chlorophyll) 때문입니다. 그러니까 엽록소가 생명의 진짜 원천이지요. 전문적으로 얘기하면 엽록소가 햇볕을 받아 광합성(光合成)을 하는 것입니다. 그래서 소, 말, 사람들이 필요로 하는 식량을 생산합니다. 그래서 식물을 영어로는 플랜트(plant)라고 하지 않습니까. 말하자면 식물은 환경동네의 공장입니다."

이 교수의 '식물 공장론'이다. 그래서 풀과 나무를 환경동네에서는 생산자(生産者)라고 한다. 환경동네에서 스스로 무엇을 만들어내는 것은 그들뿐이다.

"최근 열대림의 소멸과 사막화 현상이 매우 우려가 됩니다."

환경동네의 적신호이다. 생명의 신비인 풀과 나무들의 소중함을 다시 한 번 생각하게 한다.

낙엽

|

낙엽이 지는 이유는 무엇일까? '가을이 되어 낙엽이 지는 것'이라고 생각하면 간단하다. 그러나 낙엽이 지는 것도 환경동네의 법과 원칙 때문이다.

"식물체라는 환경동네의 공장은 햇볕을 이용해 가동되기

때문에 햇볕이 강하고 일조량이 많은 여름철에 제품을 주로 생산합니다. 낮이 짧고 일조량이 적은 겨울철에는 광합성 능력이 떨어지는 데다가 스스로를 지탱하기 위해 사용하는 에너지가 여름보다 더 많습니다. 말하자면 겨울철에는 생산보다 씀씀이가 더 많아져 적자가 되는 셈입니다. 식물체도 적자를 메우기 위해서는 구조조정을 해야 됩니다. 그러나 구조조정을 위해 뿌리나 가지를 자르면 식물체가 죽게 될 것입니다. 그러니 스스로 죽지 않는 범위 내에서 몸집을 줄이다 보니 만만한 잎들이 떨어지는 것입니다. 이것이 낙엽입니다. 말하자면 낙엽이 지는 것은 식물체가 겨울이라는 어려운 환경을 극복하기 위한 일종의 구조조정이지요."

이상선 교수의 '식물체 구조조정론'이다.

"좀 더 전문적인 표현으로는, 식물체에 존재하는 엽록소인 클로로필(chlorophyll)이 파괴되고 나뭇잎에 숨어 있던 카로틴 등 황적색 색소들이 나타나는 현상입니다."

그렇다면 소나무, 낙엽송과 같은 침엽수는 왜 낙엽이 지지 않을까?

"그것은 이미 구조조정이 되어 있기 때문입니다. 침엽수의 경우 원래 잎이 가늘고 좁게 만들어져 있어 여름철 광합성 능력은 떨어지지만 겨울철 에너지 소모도 상대적으로 적기 때문에 별도의 구조조정이 필요치 않은 것이지요."

　낙엽이 지는 것에도 풀과 나무들이 목숨을 유지하고 지탱하는 중요한 뜻이 담겨 있다. 봄이 되어 새싹이 돋고 여름철에 파릇파릇 생기를 내다가 가을이 되면 낙엽으로 떨어지는 것도 다 환경동네를 유지하기 위한 법과 원칙 때문이다.

까치집
|

까치는 우리 민족과 오랜 연(緣)을 갖고 있다. 까치가 울면 반가운 손님이 오고, 설날 새벽에 까치 소리를 들으면 그 해는 운수 대통한다고 믿었다. 칠월칠석은 견우와 직녀가 까마귀와 까치가 은하수에 놓은 오작교(烏鵲橋)를 건너 만나는 날이라 여겼다. 또한 까치는 구렁이로부터 자신의 목숨을 구해준 선비를 구하기 위해 목숨까지 던진 보은의 설화(說話)도 있는 등 우리의 민화 속에 빠지지 않고 등장하는 길조이기도 하다.

　"까치는 참새목 까마귀과에 속하며 우리나라 전역에 서식하는 텃새로 현재 보호새(鳥)로 지정되어 포획이 규제되고 있습니다. 머리·목·어깨에 광택 있는 검은 색이 있으며, 허리에는 잿빛을 띤 흰색의 띠가 있고, 배는 흰색입니다. 까치는 해충을 잡아먹는 익조(益鳥)이기도 하며, 우는 소리가 경쾌할 뿐 아니라 날렵하고 밝은 모습을 보입니다. 이런 이유로 서울시를 포함하여 많은 자치단체가 까치를 상징 동물로 지정하여 관리하고 있습니다."

환경부 S국장의 설명이다.

까치집은 그 구조가 공학적으로 매우 신비롭다. 까치가 손이 있는 것도 아니고 사람처럼 장비를 사용하는 것도 아닌데 까치집은 매우 견고하다. 비를 피할 수 있음은 물론이거니와 바람 방향까지 고려하여 만들어져 웬만한 비바람은 피할 수 있다. 태풍이 몰아쳐 뿌리가 뽑혀 나무가 쓰러졌는데도 까치집은 큰 손상 없는 경우를 많이 보았다.

"까치집은 나뭇가지를 포개어 보통 지름 1m 정도의 구형(矩形)으로 짓는데, 비를 피하기 위하여 천장까지 있습니다. 출입구는 양(兩)측면에 있습니다. 둥지는 해마다 수리해서 쓰기도 하고, 새로 집을 짓기도 하고, 빈 까치집을 수리해서 쓰기도 합니다. 큰 까치집은 여러 번 땜질하고, 고쳐진 것이라고 생각하면 됩니다."

국립환경연구원 관계자의 설명이다.

일본의 까치집이나 우리나라의 까치집이나, 몇 백 년 전의 까치집이나 지금의 까치집이 별 차이가 없는 것도 참으로 신비롭다. 기록을 남긴 것도 아니고 서로 모여 기술 교류를 한 것도 아닐 텐데…. 까치집의 구조도 환경동네의 신비로밖에 달리 설명할 길이 없다.

개미집

|

개미는
허리 가느다란 개미는
봄날의 한나절 오늘 하루도
고달피 부지런히 집을 지어라

　　　　　- 김소월 「개미」

'개미가 이사를 하면 비가 온다'는 얘기를 우리는 기억한다. 도시에서는 콘크리트 때문에 개미를 볼 수도 없지만, 시골에서는 길가에서, 돌무덤 옆에서, 두렁에서 쉽게 개미와 개미집을 볼 수 있다.

개미집은 대부분 물이 잘 빠지는 돌무덤 밑이나 사질토(砂質土)에 자리잡고 있다. 개미집은 배수 문제를 고려하여 자리

잡는다. 비가 올 조짐이 보이면 개미들은 돌무덤 옆이나 배수가 잘되는 곳으로 옮긴다. 개미들은 기상대의 예보 없이도 비가 오는 것을 미리 안다. 습도의 변화를 통하여 비 오는 것을 감지한다고 한다. 사람의 경우 홍수가 나면 집이 파손되고 가구들이 떠내려가는 등 난리법석을 부린다. 물난리 때문에 개미집이 파손되고 떠내려갔다는 얘기는 아직 듣지 못했다.

청개구리
|

요즈음은 청개구리를 보기가 힘들다. 비가 와도 청개구리가 울지 않는다. 울지 않는 것이 아니라 울 청개구리가 없다. 지나친 농약의 살포 때문일 것이다.

청개구리는 아가미와 피부로 숨을 쉰다. 그래서 물 속에 있다가 먹이를 잡기 위해 물 밖으로 나오기도 한다. 물 밖에서는 주로 피부로 호흡을 한다.

그런데 비가 오면 기공이 막힌다. 그래서 숨이 가빠지고 아가미가 바빠진다. '개골개골' 하는 청개구리 소리는 심호흡 소리이다. 비가 오려고 날이 궂어지면 청개구리가 운다.

이때도 대기의 습도가 높아져 기공이 서서히 막히기 때문이다. 청개구리의 울음소리와 비 오는 확률을 조사한 결과 70%가 적중하였다는 보고도 있다.

물
|

"물은 하루도 쉬지 않고 돌고 돕니다. 시공(時空)을 넘나든다고나 할까요. 지금 당신의 목욕 물이 천 년 전 당 태종 때 양귀비가 목욕하던 물일 수도 있습니다."

건국대 물 박사 최무웅 교수의 설명이다.

"만약 물이 겨울에도 얼지 않고 액체로만 존재한다고 가정해 보십시오. 추운 겨울 영하 10℃, 영하 20℃로 기온이 떨어지면 영하 10℃, 영하 20℃의 비가 내리게 될 것입니다. 그렇게 되면 풀, 나무들은 물론이거니와 소, 돼지와 같은 동물들도 다 얼어 죽고 말 것입니다. 목욕탕에 가서 냉탕에 들어갈 때면 여간 부담스럽지 않아요. 웬만한 젊은이들도 사전 준비 운동이 필요합니다. 그런데 그 냉탕의 온도가 겨우 7~8℃밖에 안 됩니다. 영하 10℃, 20℃ 물은 상상이 안 됩니다."

물 박사의 계속되는 설명이다.

강이나 바다의 경우도 마찬가지다. 겨울철 바깥 기온이 영하 10℃, 20℃가 되었을 때 강이나 바다가 얼지 않는다면 물고기는 도저히 살 수가 없을 것이다. 환경동네에 영하 10℃, 20℃의 물에서 살 수 있는 물고기는 없다.

"공기의 경우는 영하가 존재하지만 물의 경우는 영하가 존재하지 않습니다. 0℃ 이하가 되면 얼거나 눈이 되어 더 이상의 기온 하강을 막는 것입니다."

그렇다면 수증기는 왜 있어야 하는가? 물이 증발하지 않고 액체나 얼음의 형태로만 존재한다고 가정해 보자. 금강산, 백두산 등 산꼭대기의 물이 계곡과 강줄기를 따라 흘러흘러 바다로 내려간 후 물을 어떻게 다시 끌어올릴 수 있겠는가?

"하천변에 대규모의 수도관(水道管)을 만들어 펌핑(pumping)하여 끌어올린다고 생각해 보십시오. 엄청난 에너지가 소모될 것입니다. 에너지도 에너지이지만 구조적으로 불가능한 일입니다."

산꼭대기에서 바다로 흘러내린 물이 수증기로 변한 다음 다시 비가 되어 내리기 때문에 오늘처럼 물이 돌고 도는 것이다.

"물은 환경동네의 보물 중의 보물이지요. 이 보물이 요술을 부리면서 환경동네는 오늘도 균형을 유지하고 있습니다."

그렇다. 물이 얼고 증발하는 것도 다 환경동네를 유지하기 위한 법과 원칙 때문이다.

바닷물

"바닷물은 왜 짤까요?"

필자가 어느 특강 시간에 물었다.

"소금물이니 짜지요."

이렇게 답하는 사람들이 제일 많았다. 같은 물인데 강물은 짜지 않고 왜 바닷물만 짤까?

"만약 소금을 사막에 저장시켰다고 가정해 보십시오. 사막이 아닌 곳은 소금이 없어 생물들이 살 수 없을 것입니다. 그렇다고 산에 소금을 저장했다면 산이 없는 나라들은 소금을 어떻게 조달했겠습니까? 하느님께서 소금의 저장고로 바다를 택한 것이지요."

경북대 지질학과 김교원 교수의 설명이다.

그렇다면 소금 농도는 왜 하필 3%일까? 바닷물의 소금 농도가 3%인 것은 물의 증발에 대한 균형 때문이다.

"만약 바닷물의 소금 농도가 3%보다 낮다면 바닷물의 증발이 현재보다 많아져 육지에는 홍수가 날 것입니다. 반대로 3%보다 높다면 증발이 적어 육지 쪽은 엄청난 가뭄이 올 것입니다. 지구 상의 물 97% 가까이가 바다에 존재하고, 나머지 3% 정도가 하천·호수 등 육지에 존재하는 것도 바닷물의 소금물 농도가 3%이기 때문입니다."

김 교수의 보충 설명이다.

겨울철에 바닷물이 잘 얼지 않는 것과 수많은 육지의 오염물질들이 계속해서 바다에 유입되어도 꿋꿋이 버틸 수 있는 것도 바닷물이 소금물로 되어 있기 때문이다.

"3%의 소금물에서는 대부분의 미생물들이 활동할 수 없습니다. 지구상의 미생물은 염분의 농도가 1.4%가 넘으면 성장이 불가능합니다."

국립환경연구원 관계자의 설명이다.

이래저래 바다는 소금물이어야 한다. 그것도 우리의 환경동네를 지키는 또 하나의 법과 원칙이다.

지렁이
|

'지렁이도 밟으면 꿈틀한다' 는 말이 있다. 그만큼 보잘것없는 미물이라는 뜻이다. 정말 지렁이는 볼품없다. 크기로 보나 모양으로 보나. 게다가 징그럽기까지 하다. 그러나 지렁이도 우리 환경동네의 가족 중 하나임에 틀림없다. 지렁이는 우리 환경동네에서 도대체 어떤 역할을 하는 것일까.

옛말에 지렁이가 많은 땅은 농사가 잘된다고 했다. 모양이 고약하고 징그럽게 생긴 보잘것없는 지렁이가 왜 농사를 잘 되게 할까? 여기에도 이유가 있다.

"지렁이는 땅 속에 사는 연체동물(軟體動物)입니다. 지렁이는 피부로 호흡을 하며 표토 근처에서 주로 서식하는데, 토양 속에 공기를 공급하고 토양 속의 유기물을 분해하여 미생물들의 활동을 돕습니다. 사람들이 농사를 짓기 위해 논을 갈고 밭을 갈며 김을 매는 것처럼, 지렁이는 땅 속에 구멍을 내어 통기성을 좋게 하는 것은 물론 토양 미생물들이 영양분을 쉽게 섭취할 수 있도록 하지요. 결과적으로 토양을 비옥하게 합니다. 지렁이는 환경동네의 밭을 갈고 김을 매는 부지런한 일꾼입니다."

국립환경연구원 김종민 박사의 설명이다.

최근 강장 식품, 보양 식품 중에 토룡탕까지 등장하고 있다. 지렁이는 땅 속에 있어야 제 역할을 할 수 있지 않겠는가?

인체

"아빠, 왜 고추하고 엉가하고 바로 붙어 있는 거야."

오래전 얘기이다. 퇴근을 한 어느 날 당시 초등학교에 다니던 막둥이가 대뜸 그렇게 질문해 왔다. 예상치 못한 질문이라 당황스러워 대충 대답했다.

"고추하고 엉가는 4촌 간이라 옆에 붙어 있는 거야."

막둥이가 자기 방으로 돌아간 후 곰곰이 생각해 보았다. 정말 왜 고추하고 항문은 바로 옆에 붙어 있는 것일까?

공장으로 치면 그것들은 폐수 배출 시설과 슬러지(찌꺼기) 처리 시설에 해당된다. 공장의 경우도 그 시설은 대부분 후단 부에 위치할 수밖에 없다. 제품을 만든 후 마지막으로 나오는 폐수와 폐기물은 후단 부위에 설치하는 게 맞다. 공정 상 폐기물과 폐수를 합칠 수는 없다.

인체 구조를 가만히 뜯어보면 참으로 신비롭다. 눈이 2개, 귀가 2개, 코, 입 등은 있을 자리에 있다. 눈이 하나이면 초점이 제대로 안 잡힌다. 그리고 거리 조절도 완전치 못하다. 2개이어야 한다.

귀도 당연히 2개이어야 한다. 코도 그 자리여야 한다. 코가 입 밑에 있다고 가정해 보자. 밥을 먹을 때 어떻게 되겠는가? 콧구멍이 2개인 것도 다 이유가 있다. 어디 그뿐이랴? 머리털은 머리의 온도 조절은 물론 자외선 차단 기능까지 있다. 손톱, 발톱조차 다 존재 이유가 있다.

짝짓기

|

짝짓기에 관한 한 개들은 참으로 특이하다. 개들은 마무리(?)
동작이 참으로 길다. 보통 1~2시간을 서서 마무리를 한다.
마무리가 한창일 때는 양동이로 물을 끼얹어도 그대로 있다.
보신탕이 정력에 좋다는 이유는 개들의 마무리 동작이 길기
때문에 동종요법(同種療法)의 심리적 발상도 있다.

짝짓기에 관한 행태는 동물에 따라 다르다. 소는 몸집에
비해서 준비 동작만 크지 거의 순간 동작으로 끝낸다. 돼지도
그렇게 오랫동안 관계를 갖는 것 같지는 않다. 수컷은 그것이
나선형으로 생겼다. 마치 드릴의 모양이다. 닭은 수컷이 주둥
이로 암컷의 머리를 문다. 몸의 중심을 잡기 위한 동작으로
짐작된다.

말은 사람과 가장 비슷한 동물이다. 말은 준비 동작에서부
터 마무리까지 매우 다이내믹하고 시간도 적당하다.

파리, 베짱이 같은 곤충들은 암컷이 수컷을 아예 엎어놓고
짝짓기를 한다. 형태야 어떻든 짝짓기는 참으로 신성하고 축
복받을 환경동네의 대사(大事)이다. 동물이든 사람이든 짝짓
기에는 정성을 다한다. 대강대강이 아니라 최선과 전력을 다
하는 것이다.

짝짓기란 성스러운 절차를 거쳐야만 환경동네의 새로운 생명이 잉태된다. 짝짓기는 생명의 연금술이요, 하느님이 지구 생물들에게 내린 최대의 특혜이며, 생명 탄생의 마스터 키 (Master Key)이다. 환경동네의 순환은 짝짓기에서부터 출발한다. 이것도 환경동네의 법과 원칙이다.

여자

|

"우리나라 국민의 평균 수명은 남자가 76세, 여자가 82세입니다. 10년 전에 비하면 평균 수명이 4세, 20년 전에 비하면 10세 이상이 늘었습니다."

통계청 관계자의 설명이다.

최장수 국가인 일본의 경우도 남자의 평균 수명이 79.29세, 여자는 86.05세이다. 현재 생존자 중 최고령자도, 역대 최고령자도 모두 여자이다.

생존하는 최고령자는 129세인 그루지야의 안티사 호비차바 할머니이고, 기네스북에 나오는 역대 최고령자는 1997년 122세에 사망한 프랑스의 장 칼망 할머니이다. 비공인 세계 최장수 기록은 네팔의 한 할머니로 141세이다.

여자가 남자보다 오래 사는 것은 동서고금이 똑같다. 왜 여자가 오래 살까? 먼저 생각할 수 있는 이유 중의 하나로 술, 담배를 들 수 있다.

"지나친 음주와 흡연이 건강에 해로운 것은 사실입니다. 그러나 술, 담배가 나오기 전에도 여자가 오래 살았다는 기록이 있습니다. 그러므로 술, 담배 때문만은 아닌 것 같습니다."

내과의사인 배춘근 전문의의 설명이다. 그렇다면 남자들의 심한 육체 노동과 스트레스 때문일까?

"상대적으로 남자들이 힘든 일을 많이 하고 일 때문에 스트레스를 많이 받는다는 측면에서 일리 있는 얘기입니다. 하지만 부엌 일, 집안 청소, 자녀 교육 등 여자들의 일과 스트레스도 결코 남자들 못지 않으므로 이 또한 그렇게 설득력이 있어 보이지는 않습니다."

여자가 남자보다 오래 사는 또 하나의 이유로 생각할 수 있는 것이 여자들의 생리 현상이다.

즉 일정 주기로 노폐한 피를 뽑아주고 신선한 피를 공급함으로써 신체 기능을 활성화시키고 체세포를 젊게 한다는 것인데, 매우 설득력이 있어 보인다.

그러나 가장 신빙성이 크고 공감이 가는 부분은 역시 남녀의 유전적인 차이이다. 이것은 생명을 잉태하고 양육을 해야 하는 여자들만이 부여받은 고유 기능 때문이다. 이런 이유로 여자들은 극한 상황에서도 남자들보다 오래 견디는 강인함을 지니고 있다.

"남자들은 XY 염색체인데 비하여 여자들은 XX 염색체입니다. XX 염색체가 XY 염색체보다 생존력이 더욱 강한 것으로 밝혀졌습니다."

배춘근 전문의의 주장이다. 몇 년 전 영국에서 발표된 논문에서도 유사한 사례를 제시하고 있다. 확실히 여자가 남자보다 유전적으로 강인함을 타고난 것 같다.

어쨌든 생명을 잉태하고, 생명을 낳아 양육하는 여자들은 삶에 대한 강한 애정과 사랑이 남자들보다 확실히 강하고 크다. 생명에 대한 애정과 사랑이 큰 여자들이 상대적으로 오래 살도록 한 것은 세상사 당연한 이치일 수도 있다. 이 또한 생명을 중시하는 환경동네의 법과 원칙이다.

장수 마을
|

세계적인 장수 마을로 스위스의 한 고산(高山) 지역을 들 수 있다. 100세 이상의 노인이 수십 명에 달한다고 한다. 국내에도 장수마을들이 여러 곳 있다. 장수 마을의 공통점은 고산

지역이라는 점이다. 고산 지역의 사람들이 왜 오래 살까? 고산 지역의 특징은 무엇보다 맑은 물과 깨끗한 공기이다.

"예로부터 깨끗하고 맑은 물은 무병장수의 원천으로 알려져 있습니다. 하루 이틀도 아니고 평생 깨끗한 물을 마시는 사람과 오염된 물을 마시는 사람은 차이가 날 수밖에 없습니다."

한 의사의 설명이다.

성인 한 사람이 마시는 공기는 1분에 7 l, 하루에 1만 l (10m³)이다. 육체 운동 시에는 6~7배 정도 많은 공기를 마시게 된다. 평생 동안 2~3억 l 의 공기를 마시는 셈이다.

"공기가 오염되면 공기 중에 섞인 오염 물질이 폐에 영향을 미치는데, 가볍게는 호흡기 질환에서 각종 폐질환까지 일으킬 수 있습니다."

배춘근 전문의의 설명이다.

언제부터인가 서울을 포함한 도심 지역의 경우 대기가 항상 침침하고 뿌옇게 안개 같은 것이 끼어 있기 일쑤이다. 소위 스모그(smog) 현상이 자주 발생된다.

스모그는 대기 오염 물질들이 안개와 결합하여 나타나는 현상으로, 호흡기 계통에 나쁜 영향을 미친다.

"1952년 영국 런던에서 발생된 스모그 사건으로 4천여 명의 사망자가 발생하였습니다. 소위 런던 스모그 사건입니다. 1945년 미국의 로스앤젤레스에서 자동차 공해 때문에 발생한 스모그 사건도 수천 명의 사상자를 발생시켰습니다."

국립환경연구원 관계자의 설명이다.

스모그가 없고, 깨끗하고 맑은 물이 365일 공급되는 고산 지역에 살면 오래 살 수밖에 없을 것이다.

"오래 살고 싶으면 깨끗한 물과 맑은 공기를 마셔라."

이 또한 환경동네의 법과 원칙이자 계명이다.

환경동네의 법과 원칙
|

"환경동네의 법과 원칙은 사람들의 법과 원칙보다 더욱 엄격하고 철저합니다."

환경 생태학자인 홍욱희 박사의 설명이다.

"뭐니뭐니해도 첫 번째 꼽을 수 있는 원칙은 '죽어야 삽니다' 입니다. 다른 말로 표현하면 순환의 법칙이지요. 환경동네의 원소들은 한 곳에 머물지 않고 끊임없이 돌고 돕니다. 땅속에 있는 여러 원소들이 풀과 나무가 되고 다시 소, 돼지, 말을 거쳐 사람이 됩니다. 반대로 동물들이 죽어서 땅 속에 묻혀 썩으면 원래의 원소로 되돌아가게 됩니다. 환경동네에는 예외가 없습니다. 콩 심은데 콩 나고, 팥 심은데 팥 납니다. 부자도 가난한 자도 없고, 잘난 생물도 특별히 못난 생물도 없습니다. 그래서 환경동네는 모든 생물들에게 평등하지요. 평등 원칙이 철저히 적용됩니다."

홍 박사는 평등이라는 말을 거듭 강조한다. 사람들의 세상에서는 동서고금을 막론하고 늘 특정 권력과 그 권력으로 인한 특혜 시비가 끊이지 않는다.

"환경동네에서는 남을 살려야 나도 살 수 있습니다. 공생(共生)의 원칙이지요. 나만 살겠다고 하면 결국 나도 죽게 됩니다. 어부가 한꺼번에 고기를 많이 잡겠다고 저인망으로 작은 고기까지 다 잡으면 어떻게 되겠습니까? 작은 고기는 살려두는 것이 계속 고기를 잡을 수 있는 길입니다. 공룡이 멸망하게 된 것도 공룡들이 풀과 나무를 모조리 포식하여 풀과 나무가 사라지고 그것이 사막화로 이어져 기온이 상승했기 때문입니다."

홍 박사는 환경동네의 공생 원칙을 강조한다. 함께 사는 길을 찾아야 한다는 것이다.

"환경동네의 또 하나의 법칙은 스스로 정화하는 자정 작용입니다. 물도 공기도 심지어는 토양까지도 어지간한 오염 물질을 다 견디어내며, 또 시간이 지나면 스스로 정화하여 깨끗하게 바뀝니다. 그러나 환경동네의 자정 작용도 한계가 있습니다. 자정 능력의 한계를 벗어나면 회복 불능이 됩니다. 마치 용수철과도 같아요. 그런데 최근의 환경동네의 물, 공기, 토양은 그 한계를 벗어나려 하고 있습니다. 우리 사람들이 반성하고 각성해야 됩니다."

러브커넬 사건, 미나마타병, 이따이이따이병은 환경동네의 자정 작용을 넘어서 일어난 사건들이다.

3장
사람이 문제다

사람이 문제이다.

백두대간을 훼손하는 것도, 오존층을 파괴시킨 것도,

산성비를 내리게 한 것도, 기상 이변을 일으키게 한 것도,

썩지 않는 쓰레기를 버리는 것도,

석유와 석탄을 캐서 태우는 것도 모두 사람이다.

사람

|

일생 동안 한 사람이 살아가면서 물, 공기, 토양을 오염시키는 오염 물질의 배출 총량은 어느 정도일까?

"70세까지 산다고 가정하면 한 사람이 40톤의 물을 마시고 8천 톤의 생활하수를 배출하며, 생활 쓰레기는 하루 1kg, 평생 30톤 정도를 배출합니다. 지구 온난화의 원인이 되고 있는 이산화탄소도 사람이 만들어낸 주요 오염 물질 중 하나입니다."

국립환경연구원 관계자의 설명이다.

사람이 만든 제품도 문제이다. 살충력이 뛰어나다고 자랑하던 DDT, BHC와 같은 농약이 독성 때문에 사용이 금지되었다. 세척력이 좋은 비누, 합성세제가 수질 오염의 주범으로 지목되고 있다. 60년간 냉매, 발포제로 널리 사용되었던 프레온 가스도 오존층 파괴의 원인 물질로 밝혀졌다.

"인간이 만든 최고의 화학 물질이 프레온 가스®였습니다. 프레온 가스를 개발한 사람은 노벨 화학상까지 받지 않았습니까? 지금 와서 수상을 취소할 수도 없는 노릇입니다."

국립환경연구원 관계자의 얘기이다.

사람이 만든 플라스틱과 비닐은 썩지 않아서 문제이다. 여기에 폐건전지, 폐의약품 등 유해 화학물질의 사용으로 인한 환경 피해도 늘고 있다. 이들은 깨끗한 물과 맑은 공기를 오염시킬 뿐만 아니라 먹이 사슬(Food chain)을 통하여 환경동네 전반에 피해를 주고 있다. 어쨌든 사람이 문제이다.

석유, 석탄

"석탄, 석유 등 화석 연료는 태우는 과정에서 많은 공해 물질을 냅니다. 아황산가스, 일산화탄소, 이산화탄소, 검댕이 등 수십 가지에 달하는 오염 물질이 동시에 배출되지요. 온실 가

® 프레온 가스는 염화불화탄소(CFCS)의 상품명으로, 미국 듀퐁사의 프레드리가 최초로 개발하여 노벨 화학상을 수상하였다.

스도 모두 석유, 석탄과 같은 화석 연료 때문입니다."

환경부 관계자의 설명이다.

공기는 인류의 가장 귀중한 재산이요, 자원이다. 공기가 없다고 생각해 보자. 단 몇 분도 살 수가 없다. 요즈음 어지간한 물건들은 수입하면 된다. 그러나 아무리 돈을 들여도 수입할 수 없는 게 있다. 바로 우리가 마시는 공기이다. 이들 공기가 요즈음 심각하게 오염되어 있다. 1천만 대가 넘는 자동차, 공장 굴뚝, 아파트에서 나오는 오염 물질 때문이다.

얼마 전 대구 지하철 사고 때 보았다. 지하 공간에서 불이 나자 숨 쉴 수조차 없을 만큼 공기는 연기와 유독 가스로 범벅이 되었다.

"대구 지하철 사고 때 화재에 의한 직접 피해보다 유독 가스에 의한 질식사가 더 많았지요."

환경부 관계자의 얘기이다. 대구 지하철 사고는 새삼 공기의 중요성을 일깨워 주었다.

서울, 부산 등 도심 지역과 공단 지역의 대기 오염도 심상치 않다. 여름철만 되면 상습적으로 오존 경보®를 내린다. 또한 비는 산성비, 눈은 산성눈으로 이름까지 바뀌었다.

® 오존 경보는 오존의 농도가 0.12ppm 이상이면 발령한다.

"여름철이 되면 주요 도시의 오존은 기준치를 초과하고 있지요. 게다가 pH 5.6 이하의 산성비, 산성눈이 자주 내리고 있습니다. 자동차와 난방 연료가 오염의 주범입니다."

환경부 관계자의 설명이다.

석유, 석탄을 쓰지 않을 수도 없는 노릇이고, 지구 밖으로 도망갈 수도 없는 노릇이다.

백두대간

|

'백두대간이 몸살을 앓고 있다.'
'몸살 정도가 아니라 중병을 앓고 있다.'

얼마 전 주요 일간지의 기사 내용이다.

한반도는 백두산을 정점으로 남쪽으로 길게 내리뻗은 마천령, 낭림, 태백, 소백 등 크고 작은 산과 봉우리로 기암 절경을 이룬다. 산과 봉우리를 따라 압록강, 두만강, 한강, 낙동강 등 4천여 개의 크고 작은 하천이 흐른다. 어디를 가나 한 고개를 넘으면 굽이굽이 맑은 물이 흐르는, 문자 그대로 금수강산이다. *

한반도의 척추로 우리나라의 근골(根骨)을 이루는 산줄기를 백두대간(白頭大幹)이라 부른다. 통일신라의 도선(道詵)이 처음 이름을 지었다고 한다. 백두대간은 백두산 장군봉에서 시작하여 지리산 천왕봉에 이르는 1천4백km의 큰 줄기이다. 백두대간은 마치 나무의 뿌리와 가지, 줄기가 펼쳐진 것 같다.

"백두대간은 생태학적으로도 큰 의의를 갖습니다. 많은 야생 동식물이 서식하고 있습니다. 말하자면 백두대간은 우리나라 생물 종의 보고(寶庫)입니다. 백두대간의 남한 구간에는 강원도, 충청북도, 전라북도, 경상북도, 경상남도, 전라남도 등 6개의 도가 총망라되어 있습니다. 여기에는 설악산, 지리산, 오대산, 소백산 등 7개 국립공원도 포함되어 있습니다."

환경부 관계자의 설명이다.

얼마 전 강원도의 주요 시멘트 공장들에 의한 백두대간 훼손 현장이 TV에 보도되었다. 시멘트 공장들이 석회석의 원료 확보를 위해 백두대간의 산자락까지 파헤친 것이다. 그 외에

---

* 한반도에는 14개 산맥과 885개의 크고 작은 산이 있으며, 17개 강과 4천여 개의 하천이 흐르고 있다.

도 백두대간을 훼손한 사례로 골프장 건설, 채석용 석산 개발을 들 수 있으며, 등산객에 대한 피해 사례도 발생되고 있다.

"백두대간은 우리들의 생명입니다. 백두대간을 살리기 위한 특별법 제정을 검토하고 있습니다."

환경부 관계자의 설명이다. 어떤 명분으로도 백두대간의 훼손은 용납될 수 없다. 백두대간은 반드시 지켜야 한다.

합성수지
|

"모든 것은 썩지요. 그런데 썩지 않는 것이 있습니다. 사람이 만든 요물들이지요. 그것이 문제입니다."

한국자원재생공사 K이사의 설명이다.

지구 상의 모든 유기물은 썩는다. 나뭇잎도, 나뭇가지도, 식물도, 동물도, 사람도, 쇠똥도, 가죽도 시간이 되면 썩어 없어진다. 심지어 쇳가루를 녹이는 빙초산도 분해가 되며, 맹독성인 청산가리도 미생물에 의해 분해된다. 음식물과 같은 유기물은 너무 잘 썩어서 문제다. 식중독 사건은 음식물이 상하고 부패해서 생기는 현상이다. 썩는 시간은 조건에 따라 다르지만, 대기 중에서는 대부분 몇 개월 이내에 분해되며 길어야

1~2년을 넘지 않는다.

"몇 백 년을 두어도 썩지 않는 것이 있습니다. 플라스틱, 비닐과 같은 소위 합성수지(合成樹脂) 제품입니다. 스티로폼은 5백 년 이상, 플라스틱 용기는 1백 년, 비닐은 몇 십 년을 두어도 썩지 않습니다."

K이사의 보충 설명이다.

스티로폼, 플라스틱, 비닐이 썩지 않는 것은 지구 상에는 이들을 분해하는 미생물이 없기 때문이다. 이들은 원래부터 존재했던 것이 아니라 사람이 합성하여 만들어낸 물건들이다.

"하느님께서는 사람들이 만들어내는 것까지 고려하지는 못했어요. 그런 면에서 보면 사람이 대단하긴 대단한 존재입니다."

이들의 편리함 때문에 사용량이 급격히 늘고 있다. 담배 한 갑, 라면 한 봉지를 사도 비닐 봉투에 담아준다. 공짜로 주는 것이라 별 생각 없이 받아온다.

"종량제 봉투 하나에 7~8개의 비닐 봉투가 버려지고, 심한 경우 10개 이상의 비닐 봉투가 낭비되고 있습니다. 무심코 주고 받은 1회용 비닐 봉투는 쓰레기입니다."

특히 비닐 봉투는 현재의 기술과 시설 여건으로는 재활용이 잘되지 않아 태우거나 묻을 수밖에 없는데, 태우면 다이옥신 등 유해물질이 배출되고, 땅에 묻으면 썩지 않고 우리의 귀한 토양을 오염시키는 원인이 된다.

"1회용품의 사용으로 낭비되는 자원이 1년에 수천억 원에 달합니다. 여기에 1회용품으로 인한 쓰레기 처리비가 연간 수백억 원이나 됩니다."

어쨌든 백화점, 슈퍼에서의 비닐 봉투 사용은 하루 빨리 근절되어야 할 것이다.

"다소 불편하지만 장바구니를 미리 준비하여 썩지 않는 비닐로 인한 환경 파괴를 막는데 동참해야 할 것입니다. 우리들의 아름답고 소중한 강토를 썩지 않는 비닐로 덮어버릴 수는 없는 노릇이지요. 이제 1회용품은 만들지도 말고, 팔지도 말고, 사용하지도 말아야 할 것입니다."

K이사의 주장을 우리 모두 귀담아 들어야겠다.

합성세제
|

"우리나라 1인당 합성세제 사용량이 1년에 1kg이 넘습니다. 빨래할 때, 머리 감을 때, 세차할 때도 씁니다."

산자부 관계자의 설명이다.

합성세제는 1차대전 당시 비누 원료인 동·식물성 유지류가 부족하여 이에 대한 대체품으로 개발한 것이다.

"합성세제는 세탁력을 갖는 계면 활성제 성분과 세탁력을 높이기 위하여 첨가하는 각종 첨가제로 구성되어 있습니다. 첨가제로는 인산염·효소제·표백제들이 사용되는데, 첨가제로 사용되는 인산염은 부영양화(富榮養化)를 일으킵니다."

국립환경연구원 관계자의 설명이다.

비누와 합성세제가 없었던 옛날에는 무엇으로 세수하고 빨래를 했을까? 조선조 후기 문헌인 『규합총서(閨閤叢書)』에 기름에 찌든 옷은 오줌에 빨아야 한다고 기록되어 있다. 옛 미인들은 녹두나 팥 껍질을 벗기고 가루를 내어 세수할 때마다 조금씩 사용하였다. 곡식 가루가 얼굴의 각질 제거에 아주 효과적이기 때문이다.

"비누나 합성세제가 없었던 옛날에는 머리를 감거나 목욕을 할 때 오줌을 사용했습니다. 특히 오줌으로 감은 머리는 윤기가 난다고 합니다."

또 목욕을 할 때 겨를 베 주머니에 싸서 때를 벗기기도 하였다. 5월 단오에는 창포 삶은 물에 머리를 감는 것이 세시풍속 중의 하나였다. 빨래를 할 때는 잿물을 내려서 사용하였다.

우리 조상들이 사용했던 자연 세제는 세척 효과만 있고 몸에 해를 끼치지 않았으며, 자연을 오염시키지도 않았다. 그런데 지금 우리들이 쓰고 있는 비누나 합성세제는 편리한 대신 우리 강산과 맑은 물을 오염시키고 있다.

"합성세제는 하천, 호수의 산소를 고갈시킵니다. 비누에 비해 분해 속도가 늦고 거품이 과다하게 발생하여 공기의 침투를 막기 때문입니다. 뿐만 아니라 합성세제는 피부 습진의 원인이 되기도 하고, 물 속에 녹아들면 물고기 등 환경동네에 자극을 줄 수도 있습니다. 합성세제에 의한 거품 발생은 하수 종말 처리장의 처리 효율을 떨어뜨리기도 하는데, 탄천 하수 종말 처리장 하류의 거품 발생도 합성세제에서 기인된 것입니다. 또 합성세제는 주부 습진, 남성 대머리 발생 등 아직 확인되지 않고 있는 부작용들의 원인으로 지목되어 논란의 대상이 되고 있습니다."

국립환경연구원 관계자의 설명이다.

옛날 우리네 조상들이 창포물에 머리 감고, 잿물로 빨래하였던 기억들을 되새기며 세제를 적당량 사용하는 지혜가 필요할 것이다.

강남 제비

너와 나 봄날의 약속을 잊었더냐.
진달래 피면 다시 찾아온다더니
기다려도 소식이 없네.
(중략)
이제나 올까
저제나 올까
손꼽아 기다려도
삼월 삼짇날 그 날의 약속을 잊었더냐.

          - 김황희 「돌아오지 않는 제비」

"우리 조상들은 제비가 나는 모습을 보고 날씨의 변화를 점치곤 했습니다. 제비가 하늘 높이 날아다니면 날씨가 맑고, 제비가 무리 지어 낮게 날면 여지없이 비가 오곤 했습니다."

조류학자의 설명이다.

우리의 전설과 설화에 빠지지 않고 등장하는 제비가 사라지고 있다. 제비는 음력 3월 3일을 전후해서 찾아오는 손님이자 초봄을 알리는 메신저로, 처마 밑에 보금자리를 잡고 항상 사람들과 가까이 생활하면서 해충을 잡아먹는 익조로 큰 역할을 해왔다.

　제비는 새 중에서 처마 밑에 보금자리를 잡는 유일한 새이면서 제철이 되면 정확히 찾아왔다가 돌아가는 신비로운 새이다. 이런 이유로 우리들의 할아버지, 할머니들은 늘 제비를 해치지 말라고 했을 것이다.

　"제비는 참새목에 속하는 그리 크지 않은 새입니다. 가슴과 배, 꼬리 밑에 흰색 무늬가 있고, 눈 앞, 가슴 선, 머리 꼬리 부분은 광택이 나는 청록색을 띠며, 아름답고 날렵한 몸매를 자랑합니다. 넓고 짧은 부리, 몸에 비해 긴 날개와 꽁지 때문에 비행 능력은 뛰어나지만 다른 새들과의 몸싸움에는 약한 편이어서 산이나 숲, 바다보다는 사람들이 사는 곳에 둥지를 짓고 삽니다. 지구 상에는 80여 종의 제비가 살고 있습니다. 우리나라에는 보통제비, 귀제비, 흰털발제비, 갈색제비가 찾아오고 있는데, 우리 주변에서 흔히 볼 수 있는 제비는 보통제비와 배에 갈색의 줄무늬가 있는 귀제비입니다."

　조류학자의 설명이다.

　제비는 전형적인 여름 철새로, 우리나라에서 봄·여름을 보내고 9월 초에 떠난다. 보통 5천km를 비행한다고 하니, 그 작은 몸집에서 어떻게 그런 힘이 나오는지 불가사의한 일이다.

　"어미 제비와 새끼 제비에 알루미늄 가락지를 달고 수년간 조사한 결과, 어미 제비는 5%, 새끼 제비는 1% 정도가 같은 마을로 되돌아왔습니다."

조류학자의 분석 내용이다.

그런데 언제부터인가 강남 제비를 찾아보기 힘들어졌다. 도회지뿐만 아니라 시골을 가도 제비 보기가 어려워졌다. 시골집들이 벽돌, 시멘트, 슬레이트로 주택 개량을 한 탓일까.

"강남 제비가 줄어든 가장 큰 이유는 과도한 농약 살포와 생태계먹이 사슬의 파괴 때문일 것입니다. 과다한 농약 살포가 개구리 · 메뚜기 · 잠자리 · 벌레들의 번식을 막았고, 이들을 먹고 사는 제비들이 피해를 본 것입니다."

처마 밑, 빨랫줄을 주된 터전으로 삼는 제비였으니 그만큼 피해는 더 심했을 것이다. 뱀 · 족제비 · 소리매 등 천적을 피해 사람이 사는 인가에 둥지를 만들었는데, 더 큰 천적을 만난 꼴이 되어 버렸다.

제비가 눈에 띄게 줄어든 것이 우리나라의 오염 때문인지, 태국 · 베트남 등의 오염 때문인지 정확히 알 수는 없다.

"앞으로 동북아 지역 환경 회담 때 제비 보존에 대한 문제도 한 번쯤 거론할 필요가 있을 것입니다. 이제 제비를 천연기념물 내지는 희귀 동식물로 지정하여 적극적으로 보호하는 방안도 강구했으면 좋겠습니다."

조류학자들의 주장에 귀를 기울여야겠다. 제비는 우리의 사랑하는 친구이니까.

삼한사온
|

요즈음 겨울이 겨울 같지 않다. 옛날처럼 춥지도 않다. 실제 기온도 높아지고 있다.

"매년 조금씩 기온이 상승하고 있습니다. 서울의 겨울철 평균 기온°은 지난 50년 사이 약 3℃ 가까이 올라갔습니다. 최근에는 겨울철 기온이 영상일 때가 더 많아요."

기상청 관계자의 설명이다.

겨울철 이상 난동과 함께 삼한사온이라는 전통적인 기후 패턴이 사라져 버렸다. 예전에는 매서운 추위가 한 3일 지속되다가 언제 그랬느냐는 듯이 포근한 날씨가 이어졌다. 추운 날씨와 따뜻한 날씨가 확연히 구분되었다.

° 서울의 겨울철 평균 기온은 1940년대 -2.8℃이던 것이 1950년대 -1.9℃, 1960년대 -2.4℃, 1970년대 -1.6℃, 1980년대 -1.0℃, 1990년대에는 -0.1℃였다(기상청 분석 자료).

삼한사온은 정말 겨울을 겨울답게 느끼게 했었다. 그러던 것이 요즈음은 겨울인지 봄인지 구분이 안 되고 그저 밋밋하다. 이제 삼한사온은 옛날 교과서에서나 나오는 얘기가 된 것 같다.

"삼한사온이 사라진 이유로 먼저 화석 연료 사용 증가에 의한 온실 효과(溫室效果)를 들 수 있습니다. 온실 효과를 일으키는 대표적인 원인 물질은 이산화탄소입니다. 온실 효과와 함께 열섬 효과, 엘니뇨 현상이 겹쳐 지구가 전반적으로 더워지고 있습니다."

한국환경정책평가원 관계자의 설명이다.

겨울철에는 삼한사온이 사라지고, 여름철에는 미증유의 폭염·폭우가 겹친다. 한마디로 기상 이변 현상이 세계 도처에서 발생하고 있다. 겨울은 겨울답게 추워야 하고 여름에는 적당한 강우가 있어야 농사도 잘되고 환경동네도 온전할 텐데….

할미꽃

|

봄이 지나가고 여름이 와도

벌 나비 보이지 않고

(중략)

자연은

우리의 보금자리요 둥지인 것을

(중략)

산이여 강이여

소리 내어 울어라

더 크게 울어라 울어

― 김황희 「산이여 강이여」

　요즈음 날씨가 무척 변덕스럽다. 봄인가 싶었는데 한낮의
날씨는 벌써 한여름 기온에 육박하고 있다. 춘추복을 입기엔
낮이 문제이고, 하복을 입으면 아침·저녁이 문제이다. 그렇
다고 중간에 옷을 갈아입을 수도 없어 이래저래 걱정이다.
　겨울을 막 지났다고 생각했는데 곧바로 여름을 맞는 듯한
느낌을 갖는다. 봄은 아예 건너뛴 것 같다. 날씨 탓인지 요즘
은 벚꽃이며 진달래며 개나리가 만개되기도 전에 시든다는
느낌이다. 울긋불긋 곱게 물들던 예전의 화사한 모습이 아니
라는 생각에 실망스럽기까지 하다.
　얼마 전 강원도에서 할미꽃의 집단 서식지를 발견한 사실

이 TV에 보도되었다. 우리도 모르는 사이에 할미꽃이 희귀식물로 변해 버린 것이다. 시집 간 딸네 집에 간 할머니가 구박만 받고 돌아오는 길에 고갯마루에서 안타깝게 동사(冬死)한 후 마을 사람들이 그 자리에 할머니를 묻어 주었더니 한 떨기 꽃이 피어났다는 전설, 그리고 '뒷동산의 할미꽃 꼬부라진 할미꽃, 젊어서도 할미꽃 늙어서도 할미꽃'이라는 동요는 아직도 우리의 기억 속에 생생한데, 정작 할미꽃은 찾아보기 어려운 현실이 되었다. 농약을 너무 많이 사용한 탓에 개구리 · 메뚜기 · 뱀 등 동물만 피해를 입었는 줄 알았는데, 가꾸지 않아도 늘 우리 곁에 있을 줄 알았던 풀과 나무도 기상 이변과 각종 환경 오염으로 사라지고 있는 것이다.

네잎 클로버

"그토록 찾기 힘든 네잎 클로버가 한강 둔치에서 쉽게 발견됩니다. 정확한 원인은 알 수 없지만 돌연변이일 수도 있습니다. 돌연변이의 원인으로는 기후 변화 등 환경 변화에 따른 현상으로 보여집니다."

국립환경연구원 김종민 박사의 설명이다. 누구나 쉽게 발견할 수 있다면 네잎 클로버는 더 이상 행운의 상징으로 여겨질 수 없을 것이다.

장미목 콩과 토끼풀속에 속하는 클로버(Trifolium)는 3개의 작은 잎으로 구성된 다년생 또는 1년생 식물로서 세잎으로 된 것이 정상이다.

네잎 클로버는 학창 시절 행운의 상징으로 책갈피에 고이 간직한 추억 속의 식물이다. 네잎 클로버가 행운의 상징으로 여겨진 것은 희귀성 때문이지만, 아일랜드·웨일즈·스코틀랜드에 살았던 고대 켈트족이 악령을 막아주는 부적으로 사용한 것에서 유래되었다고 알려져 있다.

'이제 네잎 클로버는 더 이상 행운의 상징이 아니다.'

얼마 전 어느 스포츠 신문에 게재된 기사의 내용이다. 학창 시절 우리에게 꿈과 희망을 주었던 네잎 클로버가 아닌가? 그런데 환경이 무엇인지 네잎 클로버의 생태까지 변하고 있다.

서울의 와이셔츠
|

요즈음 이상스럽게도 와이셔츠가 잘 더러워진다. 매일 와이셔츠를 갈아입어도 소매 끝 부분과 목 부분이 잘 더러워진다.

여름철뿐만 아니라 겨울철에도 마찬가지이다. 여름철의 경우 땀 때문이라지만, 겨울철에 와이셔츠가 잘 더러워지는 것은 대기 오염 때문이다. 특히 자동차 매연에 의한 먼지의 증가가 큰 이유라고 생각한다.

유럽이나 미국, 일본 등 외국 출장 때는 2~3일간 세탁을 하지 않고 와이셔츠를 입어도 그렇게 때가 묻지 않았다.

"당신 요즈음 사무실에서 와이셔츠 벗어놓고 있어요? 전에는 매일 빨래해도 목 부분이 새까맣게 때가 탔는데, 과천으로 옮긴 뒤에는 와이셔츠를 이틀에 한 번 빨아도 깨끗해요."

필자가 근무했던 환경부가 1990년대 초 잠실에 있다가 과천종합청사로 옮겼을 때 얘기이다.

"과천만 해도 서울보다는 공기가 훨씬 깨끗해요. 피부로 느낄 수도 있지만 실제 오염도도 과천이 양호합니다."

환경부 K국장의 설명이다.

빗줄기가 지나간 뒤 서울의 대기를 보면 평소 서울의 공기가 얼마나 오염되었는지를 알 수 있다. 더러워진 유리창문을 깨끗이 청소한 것 같다.

5백만 대가 넘는 자동차의 매연 그리고 황사, 스모그 때문에 서울의 공기는 깨끗할 날이 없다.

몇 년 전 세계보건기구(WHO)는 세계 주요 도시의 대기 오염도를 발표하였는데 서울은 30개 도시 중 하위권으로 분류되었다.

"1987년 서울의 대기 오염도는 아황산가스가 0.094ppm이나 됐습니다. 그 후 계속 감소 추세를 보이고 있어요."

K국장의 설명이다.

영국의 런던, 미국의 로스앤젤레스, 일본의 동경 등은 한 차례씩 대규모 스모그 사건을 겪었으며 인명 피해도 매우 컸었다. 이런 대형 사고는 공기 오염도의 수치도 중요하지만 미기상(微氣象)이나 지형 조건에 따라 피해가 달라진다. 같은 오염도의 경우 공기 순환이 잘 안 되는 해변, 분지 지역은 피해가 훨씬 크다.

"서울의 경우 기상 조건과 지형 조건이 매우 양호합니다. 서해안 쪽으로 확 트인 넓은 공간이 공기 순환을 잘되게 합니다. 이런 천혜의 지형 조건 덕분에 서울은 대기질이 나쁜데도 불구하고 큰 스모그 사건 없이 지낼 수 있었던 것 같습니다."

동종인 교수의 설명이다.

서울은 한강이라는 세계적인 규모의 하천이 도심 한복판을 가로지르고 공기 정화 능력이 뛰어난 천혜의 도시이다. 다시 한 번 이곳을 도읍으로 정한 조상들의 지혜로움을 느끼게 한다. 어쨌든 이제 더 이상 '서울의 와이셔츠'라는 말이 안 나왔으면 한다.

동물들의 흔적
|

"묘지 면적이 전 국토의 0.6%에 달합니다. 어디를 가나 조금
반반하고 전망이 좋은 곳에는 묘지가 있으며, 60평이 넘는 호
화 분묘도 많습니다. '좌청룡 우백호'를 들먹이며 묘를 잘 써
야 후손들이 잘된다고 믿다 보니 너나없이 좋은 자리를 찾고
있습니다."

복지부 관계자의 설명이다.

'10 · 100 · 1000 이론' 때문일까? 어머니 뱃속에서 10개
월, 집에서 100년, 무덤에서 1000년을 지낸다는 일종의 풍수
지리설 이론이다.

동물들은 어떨까? 많은 야생 동물들이 있지만 길거리는
물론 야산에서조차 동물들의 사체를 보기가 쉽지 않다. 수억
마리에 달하는 개미, 개구리, 참새, 까치 등은 매일 수십, 수
백 마리가 죽지만 조용히, 아무도 모르게 사라진다.

동물들은 죽어서 어디로 가기에 우리가 볼 수 없는 것일
까? 미물(微物)이지만 그들은 죽을 때를 안다. 그리고 죽을

때가 되면 보이지 않는 곳, 인적이 없는 곳으로 이동하여 조용히 죽어간다. 물론 동료나 가족에게 피해도 주지 않고.

그들은 태어날 때도 병원 신세 한 번 지지 않고 조용히 왔다가 아파도 병원 한 번 안 가고 조용히 살고, 때가 되면 갈 곳을 찾아 조용히 사라진다.

4장

지구가
아프다

지구촌의 이단자, 사람 때문에 지구촌에 비상이 걸렸다.

지구촌의 가족들이 하나, 둘 사라지고 있다.

모두가 사람들 때문이라고 아우성인데

사람들은 예나 지금이나 반성의 기미가 보이지 않는다.

반딧불이

|

"반딧불이, 일명 개똥벌레는 이제 고사성어에서나 들을 수 있는 곤충이 되었습니다. 1970년대까지만 해도 반딧불이는 시골의 부엌, 마당, 논밭에서 쉽게 볼 수 있었습니다. 무더운 여름 밤 하늘을 반짝거리던 반딧불이가 이제는 전국에 몇 군데밖에 없는 천연기념물이 되었습니다."

환경부 S국장의 얘기이다.

반딧불이는 무척추동물로 빛을 발하는 몇 안 되는 발광(發光) 곤충의 하나이다. 그리고 우리 모두의 추억 속의 친구이다. 특히 진(晉)나라 사람 차윤(車胤)과 손강(孫康)은 반딧불이 밑에서 글을 읽고 출세했다는 형설지공(螢雪之功)이라는 고사성어의 주인공이 아닌가?

"반딧불이는 1급수의 깨끗한 물에서만 자라는 다슬기를

먹고 살기 때문에 깨끗한 환경에서만 서식하는 곤충입니다. 하늘, 땅, 물이 조화를 이루는 깨끗한 환경에서 자라는 반딧불이의 소멸은 우리에게 환경 오염의 심각성을 알리는 메신저입니다."

S국장의 말이다. 반딧불이를 개똥벌레라고 부르게 된 것은 두엄 속에 버린 개똥이 변하여 벌레가 된 것이라고 잘못 알고 붙인 이름이다. 개똥벌레를 무주에서는 개똥벌거지, 충북에서는 개똥버러지, 경북에서는 개똥벌겡이, 강원도에서는 개똥벌기라고 부른다. 영어로는 화이어 플라이(fire fly), 즉 불빛을 내는 파리라고 부른다. 뒤늦게나마 무주 일원에 반딧불이와 다슬기의 서식지를 천연기념물로 지정하여 보호에 나선 것은 잘한 일이다. 반딧불이가 여름 하늘을 수놓는 그날이 다시 왔으면 좋겠다는 것은 필자만의 소망은 아닐 것이다.

두더지
|

초여름 벼가 이삭을 영글 때 논두렁 옆을 지나다 보면 메뚜기가 떼를 지어 날아다녔다. 메뚜기 때문에 벼농사 피해가 막심할 정도였다. 늦여름부터 초가을까지 도시락 반찬은 걱정할

필요가 없었다. 아예 도시락 반찬은 메뚜기 튀김이었다. 이제 메뚜기 튀김은 일식집의 고급 요리로 팔리고 있다. 농약의 과다 살포 때문에 메뚜기가 사라졌기 때문이다.

두더지는 어떠한가? 이른 새벽 들판 길을 걷다 보면 두더지가 열심히 땅굴을 파는 모습을 볼 수가 있었다. 직접 현장을 목격하지 못하더라도 두더지가 파놓은 땅굴을 쉽게 발견할 수 있었다. 두더지가 보이지 않은 지는 꽤나 오래된 것 같다.

뱀은 어떠한가? 독사, 살무사, 구렁이, 물뱀은 어린 시절 하루에도 몇 번씩 마주쳤다. 독사에 물려 피해를 본 사람도 많았다. 어릴 때 부모님이 뱀 조심하라고 타이르시던 기억이 지금도 생생하다. 그런데 이제 시골을 가도 뱀을 보기가 쉽지 않다. 들이나 밭에서는 거의 뱀을 보기가 어렵다. 땅꾼들이 마구잡이로 뱀을 포획했고, 과다한 농약 살포에 의해 뱀이 멸종 위기에 처한 것이다.

호랑이와 여우는 어떠한가? 호랑이와 여우는 이미 멸종된 것 같다. 최근 한반도에서 여우와 호랑이를 보았다는 기록이 없다. 호랑이와 여우는 조선시대까지만 하더라도 한반도 전역에서 서식하였다. 옛날 얘기치고 호랑이와 여우가 빠지는 경우가 없지 않은가? 그만큼 우리 주변에 호랑이와 여우가 많았다는 얘기일 것이다.

노루와 산토끼, 멧돼지는 어떤가? 그들은 아직 지역에 따라 일부 서식이 확인되고 있다. 그러나 이들도 그 숫자가 그리 많지 않은 것으로 보아 몇 년 안 가서 자취를 감출 가능성이 높다.

족제비와 살쾡이도 매우 보기 힘들어졌다. 이들이 나타나면 신문, TV의 기사감이 될 만큼 희귀 동물로 변했다. 세상이 많이 변했다. 장관이 지방에 출장을 가도 기사가 안 되는데 야생 동식물이 나타난 것은 TV나 신문의 기삿거리가 되는 세상이다.

반달곰 얘기는 더 이상 언급할 필요도 없이 한반도에서 거의 멸종된 것으로 확인되었다. 그 외에도 고라니, 너구리, 두꺼비, 땅강아지, 호랑나비, 풍뎅이, 여치 등도 사라지고 있다.

"우리도 모르는 사이에 환경동네의 많은 가족들이 사라졌습니다. 몇 백 년, 몇 천 년 뒤 사라지는 가족 중에 사람이 포함되지 말라는 법도 없습니다."

환경부 S국장의 얘기가 가슴에 와 닿는다.

까치

|

"까치 좀 잡아 주세요."

요즈음 까치에 대한 피해 진정이 급격히 늘고 있다. 주로 과수 농가의 농작물 피해이다. 까치는 잘 익은 감, 사과, 배를 콕콕 찍어 파먹는다.

뿐만 아니라 까치로 인한 정전 사고 건수도 매년 증가하고 있다. 환경부도 까치를 보호 조수에서 유해 조수로 재분류하여 필요에 따라 까치를 포획할 수 있도록 허용하고 있다.

까치가 증가한 이유는 무엇일까? 무엇보다 천적인 매, 독수리가 농약 살포와 마구잡이 포획으로 사라졌기 때문이다.

까치는 농약에 대한 내성이 상대적으로 강한 편이다. 보통 농약을 살포하면 오염에 취약한 동물부터 사라진다. 반면 오염에 강한 동물은 오히려 숫자가 더욱 늘어난다. 그것은 경쟁 상대가 사라진 것에 비례하여 먹이가 풍부해지기 때문이다. 까치가 늘어난 것은 그런 이유 때문이다. 고양이의 경우도 마찬가지이다.

"고양이 때문에 골치 아파요. 요즈음 어딜 가나 고양이입니다. 도로에서 치여 죽은 고양이가 늘고 있습니다."

국립환경연구원 김종민 박사의 얘기이다.

몇 년 전 여름 수해가 났을 때 중랑천에서 붕어, 잉어 등 물고기들이 떠올라 서울시에서 차량을 동원해서 한강 본류로 옮긴 일이 있다. 그 당시 언론에 중랑천에 물고기가 많다는 기사가 실렸었다.

중랑천이 한강 본류보다 물고기가 많은 것은 중랑천이 한강 본류보다 물이 더 맑다는 뜻은 결코 아니다. 물이 맑을수록 다양한 물고기들이 존재한다. 중랑천처럼 약간 물이 오염된 곳은 먹이가 풍부하여 고기는 많지만, 오염에 강한 붕어 · 잉어 등 일부 종류뿐이다. 피라미, 열목어, 다슬기 등 조그만 오염되어도 살 수 없는 고기들은 존재하지 않는다.*

"중랑천에서 붕어, 잉어가 많이 잡힌다고 결코 좋아할 일이 아닙니다."

중랑천을 더욱 깨끗이 정화해야 한다는 속뜻이 담겨 있다고 김 박사는 설명한다. 물론 옛날처럼 물고기가 전혀 살 수 없었던 때보다 중랑천이 많이 좋아진 것은 사실이다.

"열목어, 피라미 등 깨끗한 물에 사는 고기들이 나타나야

---

* 물 속의 BOD가 5~6ppm이 넘으면 열목어 · 다슬기 등은 살 수가 없으며, 붕어 · 잉어 등 오염에 강한 종류만 생육이 가능하다. 그러나 물 속의 BOD가 10ppm이 넘으면 붕어, 잉어도 살 수 없다.

진짜 강이 맑아진 것입니다."

너무 많은 것도 환경의 적신호이다.

거미줄

|

빨간 고추잠자리 한 마리가 거미줄에 걸렸다. 거미줄 한쪽 모퉁이에서 이 광경을 지켜보던 거미는 거미줄을 더욱 죈다. 허둥대는 고추잠자리는 더욱더 거미줄에 옭혀든다. 얼마 안가 고추잠자리는 움직일 수조차 없게 된다.

어린 시절 시골 동네에서 자주 목격하던 장면이다. 초가집의 모퉁이에도, 마구간 구석에도, 화장실 입구에도 심지어는 방 안 천장 모서리에도 거미줄이 있었다. 어쩌다 거미줄이 얼굴에 묻으면 끈적끈적 달라붙었다.

한적한 초여름 날 오후 대청마루에 앉아 거미줄을 쳐다보고 있으면 시간 가는 줄 모른다. 하루살이들이 제일 많이 거미줄에 걸리고 모기, 파리까지 걸려든다.

거미는 낚시터의 낚시꾼 같기도 하고, 카드깡 전문업자 같기도 하다. 큰 것은 다 빠져나가고 잔챙이들만 걸리는 것까지 비슷하다.

"요즈음 거미줄조차 안 보입니다. 농약 때문입니다."

환경부 관계자의 설명이다.

필자는 자주 시골에 가는 편이다. 거미줄 소탕령이 내렸다는 소식은 못 들었는데 거미마저 환경동네를 떠나고 있다. 왠지 씁쓸하다.

이, 빈대, 벼룩
|

"호롱불 켜놓고 이 잡던 때가 엊그제 같아. 빈대한테 한 번 물리면 하루 종일 가려워서 피가 나도록 긁었지. 그리고 벼룩은 한 번 뛰었다 하면 1미터는 뛰었지."

얼마 전 초등학교 동창 모임에 갔더니 옛날 애기가 오갔다.

"어디 그뿐이야. 지집아(여학생)들 머릿속에서 하얀 이가 기어다니기도 했잖아."

1960년대, 1970년대까지만 하더라도 불결한 위생 관리 때문에 이, 빈대, 벼룩이 득실거렸다. DDT가 보급되고 살충제가 개발되면서 이들은 완전 박멸되었다.

"봄, 가을 두 번씩 회충약 먹고 몇 마리 나왔는지 선생님께 보고한 거 생각나?"

"그래. 또 밥 때만 되면 꼬르륵꼬르륵 했잖아."

오랜만에 만난 동창들의 옛날 얘기는 끝이 없었다.

200년 전 김삿갓의 시는 옛날 생각을 더욱 실감나게 한다.

주리면 피를 빨고 배 부르면 떨어지니

삼백 곤충 중 가장 하등(下等)이다.

원객의 품 가운데 오일(午日)을 근심하고

중인의 배 위에서 천둥 번개 소리를 듣는다.

형상은 비록 밀 같으나 누룩이 될 수 없고

글자는 풍자를 이루지 못하니 매화가 못 떨어진다.

그러고 보니 최근 20~30년 사이 해충들도 많이 사라졌다. 유일하게 남아 있는 것이 파리, 모기, 쥐 정도다. 파리만 하더라도 쇠파리, 왕파리들은 거의 멸종된 것 같다. 오히려 수입산 바퀴벌레가 기승을 부린다. 동남아 수입 원목에 묻어 들어온 바퀴벌레는 고층 아파트의 꼭대기 층까지 득실거린다.

이, 빈대, 벼룩, 회충과 같은 해충들은 동물들에게 빌붙어 사는 기생충이다. 굳이 환경동네 식으로 분류를 한다면 소비자에 속한다. 그러면서 분해자인 미생물을 돕는다. 이들은 소비자와 분해자의 중간쯤 되는 미물들이다. 이, 빈대, 벼룩의 멸종은 위생적인 측면에서는 지극히 바람직한 일이다. 그러나 이것 또한 환경동네 가족의 멸종이라는 측면에서는 불안함이 없지 않다.

귀뚜라미와 뜸부기

|

며칠 전 오랜만에 책장을 뒤지다가 윤동주 시집을 꺼냈다. 기분이 울적할 때 기분을 전환할 수 있으리라는 기대감으로.

　　윤동주의 시집을 몇 장 넘기다 보니 귀뚜라미에 대한 시가 있어 옮겨 본다.

　　귀뚤귀뚤

　　귀뚤귀뚤

　　아무에게도 알려주지 말고

　　우리 둘만 알자고 약속했다.

　　귀뚤귀뚤

　　귀뚤귀뚤

귀뚜라미와 나와

달 밝은 밤에 이야기했다.

그러고 보니 귀뚜라미가 안 보인다. 도회지는 물론이고 시골을 가도 귀뚜라미가 없다. 가만히 기억을 더듬어 보니 귀뚜라미가 사라진 지는 꽤나 오래된 것 같다.

여름 날 오후 목침을 베고 대청마루에 누워 낮잠을 청하면 귀뚜라미 소리가 왜 그리도 청명하게 들리는지….

생긴 것은 메뚜기처럼 못생겼는데 노랫소리는 새 소리 뺨칠 만큼 맑고 짜릉짜릉하다. 귀뚜라미는 매우 청결한 곤충이다. 문틈 새, 구들장 밑, 천장에서 울어대던 귀뚜라미가 이제 시집(詩集)에서나 볼 수 있는 옛 이야기가 된 것이다.

노랫소리 하면 빠지지 않는 것이 종달새이다. 들판을 사뿐사뿐 걸어다니다가 후루룩 날아다니면서 지지배배 우짖던 종달새도 보이지 않는다.

그러고 보니 뜸부기도 잘 안 보인다. 논두렁 사이를 숨박꼭질하듯 왔다 갔다 하면서 뜸북뜸북 울어댔다. 뜸부기 소리는 참으로 운치가 있다.

뜸북뜸북 뜸북새 논에서 울고 귀뚤귀뚤 귀뚜라미 숲에서 울제~ 우리가 즐겨 불렀던 노래 가사도 이제 실체는 없고 노

랫말만 남을 날이 머지 않은 것 같다.

언제 우리 곁을 떠났는지도 모르는 사이에 우리들의 다정한 친구들이 환경동네에서 사라지고 보이지 않는다. 귀뚜라미, 종달새, 뜸부기… 좋은 친구일수록 공해에 약하다. 그러고 보면 착하고 순하고 예쁜, 소위 순둥이들이 먼저 피해를 보는 것 같다. 인생사와도 같다는 생각이 든다.

악바리 참새, 까치, 까마귀, 고양이, 들쥐들은 오히려 숫자가 더 늘었다. 이들은 너무 많아 골치 아프다.

호랑이

|

"할머니, 할머니 머리에 얹고 가는 게 뭐지?"
"윗마을 잔칫집에서 얻은 떡이라오."
"그거 내게 주면 안 잡아먹지."

「해와 달이 된 남매」라는 동화에 나오는 얘기이다. 우리의

---

* 호랑이는 고려, 조선시대에는 자주 출몰한 것으로 기록되어 있다.

동화와 설화, 신화에는 유난히 호랑이가 많이 등장한다. 우리나라 호랑이 *는 용맹함과 친근함을 동시에 갖춘 민족의 영물이라 해도 과언이 아니다.

몇 년 전 대구 MBC에서 경북 봉화에 호랑이가 나타났다고 해서 화제가 되기도 했다. 그러나 전문 기관의 분석 결과 호랑이가 아닌 것으로 밝혀졌다.

우리나라에 서식했던 호랑이는 동북아 호랑이(시베리아 호랑이)이다. 그래서 일명 백두산 호랑이라고도 한다. 조선시대까지만 해도 호랑이는 한반도 전역에서 자주 발견되었다. 이 때문에 곳곳에서 호환(虎患)이 잦았다.

"1402년에 경상도 지역에서는 호랑이에 의한 사상자가 100명이 넘었다고 해요. 남한에서 호랑이가 마지막으로 잡힌 것이 1922년 경주 대덕산이었습니다. 북한의 경우도 1946년 이후 호랑이가 발견되었다는 기록이 없습니다."

국립환경연구원의 관계자 설명이다.

남한의 경우 80년 가까이 호랑이가 나타났다는 기록이 없는 것으로 보아 호랑이가 멸종된 것이 확실하다. 호랑이가 사라진 이유가 무엇일까? 무엇보다 불법 남획 때문일 것이다.

「해와 달이 된 남매」에 나오는 얘기처럼 호랑이는 썩은 동아줄을 타고 영원히 낭떠러지로 떨어져 버린 것일까? 있을

때는 겁이 나고 두려운 존재였던 호랑이가 막상 사라지고 나
니 아쉽고 서운하기 그지없다.

5장
요산요수

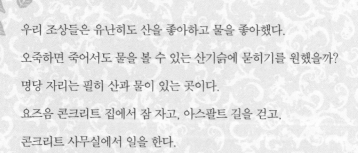

우리 조상들은 유난히도 산을 좋아하고 물을 좋아했다.

오죽하면 죽어서도 물을 볼 수 있는 산기슭에 묻히기를 원했을까?

명당 자리는 필히 산과 물이 있는 곳이다.

요즈음 콘크리트 집에서 잠 자고, 아스팔트 길을 걷고,

콘크리트 사무실에서 일을 한다.

자연

|

며칠 전이다. 오랜만에 옛날 사진첩을 뒤지다가 초등학교 때
의 사진 한 장을 보고 나도 모르게 웃음이 나왔다. 차렷 자세
에 까만 모자를 쓴 사진이다. 필자 친구들 역시 어릴 적 사진
은 판에 박은 듯 똑같다. 손은 차렷 자세이고, 목은 깁스를 한
것처럼 빳빳하게 세우고, 시선은 정면을 똑바로 바라보는 것
이다.

　필자는 지방자치 단체장 선거에 출마한 적이 있다. 선거가
처음이고 오랫동안 공직 생활만 했기 때문에 제일 자신 없는
것 중의 하나가 대중 연설이었다. 그래서 연설 전문가를 찾아
갔다.

　"자연스럽게 하십시오. 자연스러운 것이 제일 좋습니다."

　뭐든지 자연스러워야 한다. 그러고 보니 '자연스럽다' 는

말은 누가 처음 만들었는지 모르지만 참 잘 만든 말이다.

그런데 요즘은 모든 것이 자연스럽지 못하다. 특히 자연이 자연스럽지 못하다. 사람들이 자연을 부시고, 깨고, 파헤쳐 원래의 자연이 아니다. 골프장 건설, 과도한 택지 개발로 자연이 망가졌다. 민둥산이 보이고 허리 잘린 산들의 모습이 흉물스럽다.

자연은 무엇인가? 따지고 보면 하나님이 만든 것이 아닌가? 사람이 아무리 잘 만들어도 하나님이 만든 작품보다 못할 수밖에 없다. 그렇다면 결론은 뻔하다. 자연을 자연으로 두는 게 가장 자연스러우며 가장 보기 좋다. 아무리 다듬고, 닦고, 칠해도 원래의 자연보다 아름다울 수는 없다.

토종 닭

|

"자연산 도다리 있나요?"

요즈음 일식집에서는 광어보다 도다리가 비싸다. 광어는 양식이고 도다리는 자연산이기 때문이다.

양식장에서 좋은 사료로 잘 키워도 자연산만 못하다. 광어뿐만이 아니다. 민물고기도 양식한 것은 제 맛이 안 난다. 그도 그럴 것이 좁은 공간에서 사료만 먹고 운동량이 부족한 양식 물고기가 자연의 공간에서 마음껏 활개치며 자란 자연산과 비교될 수 있겠는가.

얼마 전 시골집에 들렀더니 어머니께서 집에서 기르던 토종 닭 한 마리를 잡아 주셨다. 쫄깃쫄깃하고 고소한 것이 잊고만 있던 어린 시절의 닭고기 맛을 느낄 수 있었다.

서울에 있을 때 삼계탕 집을 자주 이용했다. 그런데 닭고기 맛이 옛날 어릴 적 먹던 그 맛이 아니었다. 입맛이 변한 것으로 생각했다. 그런데 그날 토종닭 맛을 보니 그게 아니었다. 입맛이 변한 게 아니라 닭이 변한 것이다. 곡식뿐만 아니라 지렁이 · 벌레 · 풀잎을 먹고 앞마당 뒷마당을 노닐면서 맑은 공기를 마시고 자란 시골 닭은, 손바닥만한 닭장 속에서 옴짝달싹 못하고 인공 사료만 먹고 자란 육계나 산란계와는 근본이 다를 수밖에 없다.

이튿날 아침 밥상에 어머니께서는 계란을 쪄서 내놓으셨다. 진한 노란색에 파까지 듬성듬성 놓여 있었다. 보기에도 먹음직스러웠다. 오랜만에 먹어 보는 계란찜이었다. 옛날 같으면 얼마나 귀하고 고급스러운 반찬인가? 그에 비해 요즘은 콜레스트롤이 많다 하여 기피하는 것이 계란 반찬이다. 그런데 어머니가 그날 밥상 위에 올려 주신 계란찜은 옛날의 그

맛이었다. 고소하고 끈기도 있었고 밤고구마같이 타박타박한 바로 옛날의 그 맛이었다. 이게 토종 계란이구나! 저절로 감탄사가 나왔다.

양계장 계란은 맛이 없을 수밖에 없다. 좁은 닭장 속에서 인공 사료를 먹이고, 형광등까지 켜서 밤낮을 가리지 않고 알 낳는 기계 닭으로 만들었다. 그것도 전부 무정란이다.

그날 토종 닭, 토종 계란 맛을 보니 서울에서 토종 닭, 토종 계란을 비싸게 사는 사람들을 이해할 수 있을 것 같았다.

매미

|

매미의 울음소리, 아니 노랫소리는 시골을 시골답게 한다. 여름 방학 더운 대낮에 대청마루에 앉아 부채질하면서 매미 소리를 들었던 기억은 우리 모두의 추억일 것이다.

환경부의 사무실이 지금의 잠실역 바로 옆에 있었다. 여름철 사무실에서 가끔 매미 소리를 들을 수 있을 때의 일이다. 그 매미 소리가 왜 그리 처량하게 들리든지… 주변이 온통 빌딩 숲에 싸여 나무라야 먼지가 뽀얗게 앉은 가로수뿐이니 매미들이 갈 곳이 없었다. 잠실 개발로 잠실벌의 매미들이 삶의 터전을 잃어버린 것이다. 그렇게 봐서 그런지 잠실벌의 매미는 울음소리마저 처량하게 들렸던 것이다.

농약에 비교적 내성(耐性)이 강하여 여태껏 버텨오던 매미들도 수도권을 중심으로 난개발이 되면서 삶의 터전을 잃고 있다. 고향을 잃고, 마을을 잃고, 일가친척을 잃어버린 매미들이 어디 잠실벌 매미뿐이겠는가?

매미의 숫자가 눈에 띄게 줄어들었다. 매미의 종류도 몇 종 안 남은 것 같다. 여름철 시골을 시골스럽게 분위기 잡아주던 매미가 걱정스럽다.

번데기

|

얼마 전 퇴근 길에 청진동 먹자골목을 지나다가 포장마차에 들렀다. 소주 한 병과 번데기 한 접시를 시켰다. 오랜만에 보는 번데기라 먹음직스러웠다.

한 숟가락 입에 집어넣었다. 모양은 옛날 번데기와 비슷했는데 맛은 옛날의 그 맛이 아니었다. 몇 번이나 맛을 음미하며 씹었는데도 그 맛이 아니었다. 갑자기 중국산이라는 생각이 들었다. 곧이어 방부제를 얼마나 넣었을까 하는 생각이 들어 곧 뱉어 버렸다.

　필자에게는 물레를 돌리며 누에고치에서 명주 타래실을 뽑는 할머니 옆에 앉아 번데기를 얻어먹던 기억이 있다. 그 번데기 맛은 경험하지 못한 사람은 모른다.

　어디 그뿐이랴? 학교 갔다 오다가 길가 뽕나무 밭에서 오디 따먹던 추억도 빼놓을 수 없다. 정신없이 오디를 먹다 보면 손톱 밑까지 자주색으로 물든다.

　합성섬유의 등장과 함께 뽕나무도, 오디도, 누에도, 번데기도 우리 곁에서 사라져 버렸다. 겨우 청진동 골목의 포장마차에서 찾은 번데기는 옛날의 그 번데기가 아니다.

악취
|

지하철을 탔을 때 지나치게 화장한 여자 옆에 앉으면 향수 냄새가 코를 찌를 때가 있다. 은은한 향수 냄새야 그런대로 괜찮지만 지나친 향수 냄새는 역겹다.

　외국 생활을 한 사람들은 된장, 고추장 냄새 때문에 한 두 번씩 곤욕을 치른 적이 있을 것이다. 필자도 외국에서 공부할 때 어머니께서 소포로 보내 주신 청국장 때문에 기숙사 사감이 확인 차 내 방에 들린 적이 있었다. 외국 학생들이 이상한 냄새가 난다고 악취 신고를 한 것이다. 하기는 인도의 전통 카레 등도 외국인에게는 냄새가 거북스럽다.

울산, 온산, 여천 등 주요 공단 지역의 경우 악취 문제가 심각하다. 악취라는 게 당장 사람을 죽게 하거나 생명에 지장을 줄 만큼 위해(危害)한 것은 아니다.

악취는 사람들을 불편하게 하는 대표적인 생활 공해이다. 실제로 환경부에 접수되는 민원 중 악취 민원이 첫 번째 아니면 두 번째로 많다.

초등학교 시절 수업 시간에 가끔 악취 사고 때문에 해프닝이 벌어진 경우를 우리는 기억한다. 큰 사고도 있고 작은 사고도 있다. 큰 사고야 자주 일어나지도 않지만 당사자에게는 매우 창피하고 두고두고 잊혀지지 않는 추억이 된다. 작은 사고는 악취 사고라기보다는 약간의 소음까지 가미한 애교 사고에 가깝다. 큰 사고, 작은 사고의 공통점은 냄새이다. 전문적으로 얘기하면 암모니아 가스가 냄새의 주종을 이룬다. 쉽게 얘기하면 화장실 냄새요, 똥 냄새이다.

한 가지 분명한 것은 자연의 냄새는 아무리 지독한 것도 그렇게 역겹지가 않다. 더구나 사람에게 크게 해로운 것도 아니다. 그러나 사람들이 만들어낸 악취 공해는 다르다. 냄새도 매우 자극적이고 인체에도 해로운 경우가 대부분이다.

소음
|

며칠 전 바깥이 하도 떠들썩하고 시끄럽기에 나가 봤더니 아파트 아래층에 사는 사람이 위층에 사는 애들 때문에 시끄럽다고 항의하다가 싸움으로 확대된 것이었다.

어디 아파트뿐이겠는가? 아파트라는 좁은 공간에 많은 사람들이 오밀조밀 살다 보니 이래저래 다툼이 있게 마련이다. 옛날 같으면 이웃사촌이라 하여 허물도 서로 덮어주고 떡 한 쪽도 나누어 먹었었는데….

요즈음은 인심이 각박하다. 폐쇄된 공간에 살다 보니 어른도 아이도 나밖에 모른다. 애들 키우다 보면 마룻바닥이 뚫어질 만큼 쿵쿵대기도 하고 소리를 지르기 마련이다. 사람들은 그런 사정을 조금도 용서하지 않는다. 무조건 조용해야 한다.

"시끄러워요. 애들 교육을 어떻게 시켰기에…."

이쯤 되면 싸움이 나게 된다.

오래전 얘기이다. 경북 경산시에서 교회 소음 때문에 격분한 사람이 공기총을 발사한 사건이 발생하였다. 교회 종소리를 못 참아 총까지 들고 나오는 각박한 세상이 되었다.

잠을 청할 때 시끄러운 소리가 들리면 신경질이 나기 마련이다. 대부분 어지간하면 참고 지내서 그렇지 소음 때문에 짜증난 경우가 어디 한두 번이겠는가?

소음은 눈에 보이지 않는 공해이다. 환경 민원 문제 중 발생 건수로는 제일 많다. 소음이라면 큰 소리, 시끄러운 소리를 말하지만 이는 매우 주관적이다. 기차 기적 소리는 90~100데시벨*이나 되지만 은은하게 들리는 기적 소리는 듣기가 좋다. 피아노 반주 소리도 듣기 싫은 사람에게는 소음이다.

매미의 울음소리도 소음기로 측정하면 60~70데시벨이다. 이 정도 수준이면 소음의 환경 기준치를 초과하는 수치이다. 그런데 매미의 울음소리를 소음으로 생각하는 사람은 아무도 없을 것이다.

소리도 자연의 소리는 듣기 좋다. 사람이 만들어낸 소리가 문제이다.

---

* 데시벨(dB)은 소음·진동의 단위이다. 전화벨 소리는 60~70dB, 버스 경적은 80~90dB, 항공기는 110dB 정도이다.

흙

|

흙은 환경동네의 밑바탕이요, 어머니이다. 우리가 매일 먹고 마시는 물, 음식은 다 흙에서 왔다. 오이, 딸기, 참외, 채소는 물론 소고기, 돼지고기도 다 흙에서 자란 풀과 곡식으로 이루어졌다.

사람들도 흙에서 왔다가 흙으로 돌아간다. 사람들을 구성하는 모든 물질의 근본 바탕은 땅에서 왔으며, 또 사람이 죽으면 흙으로 돌아간다. 우리 모두는 흙에서 나온 곡식과 채소, 고기를 먹고 성장했지 않은가? 성경에서도 태초에 하느님이 흙으로 사람을 빚어 만들었다고 했다.

요즘 흙 보기가 쉽지 않다. 콘크리트, 아스팔트에 푹 파묻혀 있다 보니 흙을 한 번 보려면 주말에 야외로 나가든지, 하다 못해 학교 운동장에서 조깅이라도 해야 흙을 볼 수 있는 세상이 되었다.

흙은 우리에게 따뜻한 온기를 전해 주고 기(氣)를 불어넣어 준다. 흙을 보면 마음이 차분해진다. 마치 어머니의 품속 같다. 흙은 우리 모두의 영원한 어머니이다.

경북 문경에 가면 새재(鳥嶺) 쪽의 옛날 도로가 포장이 안 된 채 원형으로 보존되어 있다. 영남의 관문이라 하는 이곳은 제 1관문, 제 2관문, 제 3관문까지 비포장 도로가 4km 가까이 된다. 전국 어딜 가나 조금 반반한 길은 모두 다 포장되어 있는데, 이렇게 경치 좋은 곳이 어떻게 아직까지 비포장으로 남아 있는지 신기할 정도이다.

1970년대 중반으로 기억된다. 박정희 대통령이 수안보 온천을 거쳐 문경 새재를 방문하였다. 군수, 도지사와 그 지역 출신 국회의원이 문경 새재길을 안내하였다고 한다.

"여기가 영남의 선비들이 한양으로 과거 보기 위해 오르내렸던 길입니다."

"이 길은 유서 깊은 곳이니 아스팔트로 포장하지 말고 이대로 두는 게 좋겠소."

박 대통령의 지시 때문인지 문경 새재는 비포장이다. 필자의 고향이 그곳이라 자주 그 길을 가보는데 옛날의 흙길이라 더욱 좋다. 새재 길을 포장하지 않은 덕분에 KBS 사극 「왕건」, 「무인시대」의 촬영 세트장을 그곳에 유치하는데도 큰 도움이 되었다.

흙이란 볼수록 좋다. 느낌뿐만 아니라 실제로 건강에도 좋다고 한다. 흙은 누가 뭐래도 우리 모두의 영원한 어머니요, 보금자리이다.

신토불이

|

"곡식도 과일도 제철에 먹어야 살로 가제."

선친께서 살아 계실 때 늘 독백처럼 하신 말씀이다. 요즘 냉장 시스템이 발달하다 보니 과일에 철이 없다. 사시사철 모든 과일을 먹을 수 있게 되었다. 어찌보면 참 편리한 세상이다.

제철이 아닌 과일은 자연의 섭리를 거역한 것이다. 그것은 하느님을 거역한 것이다. 또 생체 리듬을 거역한 것이다. 그러니 제 맛이 날 수 있겠는가? 과학적으로도 제철이 아닌 것은 수분 함량이라든가 섬유조직이 제철의 그것과 다를 수밖에 없다.

어디 그뿐인가? 모든 과일과 곡식은 산지가 대단히 중요하다. 우리나라 토양에서 우리나라 물과 공기를 섭취하고 자란 곡식과 과일이 우리 몸에 맞는다. 시쳇말로 한다면 과일, 곡식, 고기도 코드가 맞아야 제 맛이 난다.

수입산 쌀, 고기, 과일이 아무리 좋아도 국산에 비해 안 좋은 것은 코드가 맞지 않기 때문이다. 우리 토양에서 자란 곡식, 과일, 고기라야 우리의 살이 되고 피가 될 수 있다.

한반도에서 오랜 기간 우리 민족과 함께 살아온 많은 동식물들을 우리는 '토종(土種)'이라고 부른다. 그런데 언제부터

인가 토종이라는 말은 조금 왜소하고 볼품없고 생산성이 떨어지는, 경우에 따라서는 천덕꾸러기로 여겨지고 있다. 수입 개방과 함께 토종들이 설자리를 잃어가고 있는 것이다.

토종 돼지는 바크셔·요크셔·두록저지 등에 의해 거의 사라졌고, 토종 닭도 외국산 산란계·육계에 밀려 점점 자취를 감추고 있다. 토종 벌도 예외는 아니다. 그나마 아직 제 위치를 지키고 있는 토종 중의 하나가 한우(韓牛)이다. 한우도 얼마나 버틸지 지금으로서는 미지수이다. 우루과이 라운드가 타결된 이후 쇠고기 수입이 계속 증가하고 있지 않은가?

한반도의 지정학적 특성을 닮아 몸집이 작고 못생긴(?), 하지만 끈기가 있고 운치가 있는 토종 닭, 토종 벌, 한우 등은 수입 개방이라는 도도한 물결에 휩싸여 역사의 뒤안길로 사라져 가고 있다.

지금이라도 토종 닭, 토종 돼지, 토종 벌, 한우의 보존에 다함께 나서야 한다. 그들은 우리의 동지요, 영원한 친구이다.

식물의 잠

사람이 평생 동안 잠자는 시간은 25년이 족히 될 것이다. 잠에 관한 한 식물들은 참으로 특이하다. 낮에는 낮일을 하고 밤에는 밤일을 한다. 낮일은 광합성(光合成)이다. 밤일은 낮에 광합성으로 만든 제품들을 정리하고 다듬는 일이다.

15여 년 전의 일이다. 고향의 시골집 앞에 가로등을 세운다고 한전 측으로부터 연락이 왔다. 그때만 하더라도 필자가 서울에 있을 때였다. 어머니께서 전화를 주셨다. '빽' 좀 써서 가로등을 필자의 집 앞에 세우지 못하도록 부탁하라는 것이었다. '우리 집 앞에 가로등을 세우는 것이 밝고 좋지 않으냐'고 했더니 어머니께서는 '우리 집 앞에 가로등을 세우면 집 앞에 있는 우리 논에 피해가 온다'는 것이었다.

"가로등 하나 세운다고 농사에 피해를 주면 얼마나 주겠습니까? 밝은 게 좋지요."

어머니의 반대를 무릅쓰고(?) 아무 '빽'도 안 쓰고 가만히 있었더니 한전 측은 필자의 집 앞에 가로등을 세웠다.

그런데 그해 가을 고향에 들렀더니 가로등 주변의 벼들은 이삭이 열리지 않았다. 자세히 살펴보니 피해 면적이 자그만치 반 마지기(100평)는 족했다.

가로등을 켜니 벼들이 밤도 낮인 줄 알고 계속 낮일(光合成)만 한 것이다. 낮일만 하니 벼가 웃자라 키는 가로등이 없는 쪽보다 훨씬 더 컸다. 가로등 때문에 벼들이 잠을 못 자거나 밤잠을 설쳐 밤일을 못한 것이다.

"올 농사는 망쳤어."

어머니의 투정을 들으면서 필자는 다시 한 번 놀랐다. 가로등 하나가 이렇게 큰 피해를 줄지 미처 상상도 못했기 때문이다. 그해 피해 입은 벼는 짚으로 사용했다. 이듬해부터는 가로등을 초저녁 1~2시간만 켜고 곧바로 스위치를 내리는 소위 수동식으로 바꾸었다.

"나락(벼)도 잠을 자야 돼."

선친께서 살아 계실 때 들려주시던 말씀이 무슨 뜻인지 어렴풋이나마 이해된다. 늘 죽은 듯 가만히 한 곳에만 서 있는 풀과 나무들도 잠을 자야 된다니.

참으로 환경동네는 알다가도 모르겠다.

6장
환경동네의
복수

환경동네의 복수가 시작된 것 같다.

사람들의 오만하고 무분별한 행위를 그냥 내버려둘 수는 없다는

하나님의 심판이 시작된지도 모른다.

미나마타병, 이따이이따이병, 21세기의 페스트라고 불려지는

환경 호르몬, 사스(SARS), 에이즈들이 그 징후이다.

클레오파트라의 사인
|

독사로 하여금 가슴을 물게 해 목숨을 끊었다는 이집트 여왕 클레오파트라, 그녀는 정말 독사에 물려 죽은 것일까? 몇 년 전 법의학자(法醫學者)인 고려대 문국진 교수는 클레오파트라의 사인(死因)이 독사가 아닌 일산화탄소 중독이었을 것이라는 논문을 발표하였다.

"클레오파트라의 사인에 대한 지금까지의 통설은 독사의 베놈(venome)이라는 사독(蛇毒)에 의한 사망이었지요."

자살을 결심한 클레오파트라가 두 명의 하인을 데리고 무덤에 들어간 뒤 독사로 하여금 자신의 가슴을 물게 해 자살했다는 것이다. 그동안 이 가설에 대하여 별다른 의문이 없었다. 클레오파트라의 최후를 묘사한 미술 작품에도 독사에 의해 타살된 것으로 그려져 있다. 다만 독사가 입술을, 왼쪽 가슴을, 오른쪽 가슴을 물었느니 하는 논란 정도는 있었다. 그러나 문 교수는 기존의 통설에 의문을 제기했다.

"당시 이집트에는 독사가 존재하지 않았습니다. 그리고 독사 한 마리가 세 사람을 죽일 만한 독을 갖고 있지 못합니다."

문 교수는 클레오파트라의 최후의 현장 모습을 묘사한 기록을 토대로 일산화탄소 중독에 의한 사망 가능성을 제기했다. 클레오파트라의 최후의 현장 모습을 자세히 관찰하면 클레오파트라는 침대 위에 쓰러져 죽어 있고, 하인 한 사람은 여왕의 발 밑에 쓰러져 있으며, 다른 한 명의 하인은 문간 쪽을 향해 쓰러져 있다.

문 교수는 당시의 정황을 종합해 볼 때 그녀의 죽음은 일산화탄소에 의한 중독일 가능성이 높다고 지적한다. 일산화탄소 중독 시 무의식 중에 살기 위해서 문간을 향해 움직이다 죽는 사람이 많다는 것이다.

"클레오파트라가 죽은 지 2천 년이 지난 지금 그녀의 사인을 확인할 수는 없지요. 그러나 독사의 사독에 의한 사망설은 설득력이 약한 것 같습니다. 그런 의미에서 문 교수의 주장에 일리가 있다고 생각합니다. 다만 당시 무연탄을 사용했다는 기록이 없는데 어떻게 일산화탄소를 발생시켰는지 그것이 미스테리입니다."

배춘근 전문의의 분석이다.

로마 멸망

|

모든 길은 로마로 통한다고 했던 로마도 극심한 부정부패로
오스만 트루크에 의해 멸망하고 말았다.

로마 멸망의 간접 원인이 납 중독에 의한 군사력 약화 때
문이라고 주장하는 학자들이 있다.

"당시 상수도의 도관은 납(Pb)으로 만들어졌습니다. 납은
용융점이 낮아 기술이 발달하지 못한 당시로서는 상수도관으
로 사용하기가 편리하였을 것입니다."

국립환경연구원 김종민 박사의 설명이다.

납은 중금속으로 인체에 유입되면 쉽게 배설되지 않고 체
세포에 축적된다. 축적된 납은 신경 장애, 소화 장애, 하반신
마비를 일으킨다. 납의 유해성 때문에 요즘의 상수도관에는
납을 일체 사용하지 않는다.

납 오염에 의한 건강 피해 사례는 최근에도 납을 사용하는
작업장에서 많이 발생하고 있다. 자동차 연료의 녹킹을 방지

하기 위하여 첨가한 납이 문제가 되기도 하였다. 그래서 최근에는 납이 첨가되지 않은 무연(無鉛) 휘발유만을 사용하도록 하고 있으며, 유연(有鉛) 휘발유의 경우 법적으로 사용이 금지되었다.

"중금속 중에서도 납 오염 피해는 매우 치명적입니다. 로마의 전 주민이 납 오염으로 건강 장애를 일으켰다면 사태는 심각했을 것입니다. 납 오염 환자들이 제대로 싸울 수 있었겠습니까. 질 수밖에 없었겠지요."

김종민 박사의 설명은 환경 오염 피해의 심각성을 다시금 일깨워 준다.

미나마타병과 이타이이타이병

수질 오염 때문에 발생한 대표적인 공해병으로 일본에서 발생한 미나마타병과 이타이이타이병을 들 수 있다.

"미나마타병은 1953년 일본 구마모토현 미나마타시에서 발생했는데, 수은(메틸 수은)이 원인입니다. 1953년 4월경 미나마타 항만 주변의 어민들이 집단적으로 하반신 마비 등 신경 마비 증상을 호소했습니다. 그 지역 가축들까지 잘 걷지 못하는 신경 마비 증상을 보였습니다. 처음에는 원인을 몰라 당국에서도 당황했습니다. 일본 후생성이 10년 이상 역학 조사를 실시한 결과, 이 병이 인근 신일본(新日本) 질소 비료 공장에서 흘려보낸 메틸 수은에 중독된 어패류의 섭취에 따라 일어난 공해병임을 알았습니다. 1968년 9월 후생성이 공식적으로 공해병을 인정하였습니다. 발병에서 확인까지 15년이 걸렸습니다. 일본 후생성의 발표 후 환자와 그 가족들이 질소 비료 공장의 과실 책임을 주장하며 구마모토 지방재판소*에 손해 배상 소송을 하였고, 1972년 3월 원고 승소 판결이 났습니다. 결국 그 질소 비료 공장은 사망자와 환자에게 보상을 했습니다."

국립환경연구원 관계자의 말이다.

이타이이타이병도 중금속의 일종인 카드뮴(Cd)이 원인이 되어 발생한 공해병이다. 1946년경 일본 도야마현 지역에 전신이 쑤시고 기침만 해도 뼈가 부서지는 무서운 병이 발생했다.

"이타이이타이란 일본말로 '아프다 아프다'란 뜻입니다. 발병하면 그만큼 통증이 심합니다."

---

* 구마모토 지방 재판소는 신일본(新日本) 질소 비료 공장에 대하여 사망자에게는 1천800만 엔, 환자에게는 1천600만 엔 등 총 9억9천730만 엔을 지불하라고 판결하였다.

1968년 5월 일본 후생성은 도야마현에서 발생한 이타이이 타이병은 진스가와(神通川)강 인근의 제련 광업소에서 배출된 카드뮴이 원인이라고 공식 발표했다. 카드뮴의 만성 중독에 의하여 신장 장애가 일어났고, 다음에 뼈가 물렁물렁해지는 골연화증(骨軟化症)을 가져온 것이다. 도야마현에서 발생한 이타이이타이병의 전체 발생 환자 수는 200여 명이었고, 사망자 수도 130명으로 집계되었다.

　"우리나라의 경우 다행스럽게도 현재까지 미나마타병이나 이타이이타이병과 같은 공해병의 발생 사례는 없습니다. 그러나 결코 안심할 문제는 아닙니다. 우리나라도 1970년대 말 전남 담양의 고은석 일가의 수은 중독 사건 등 유사 사례는 있었습니다."

　국립환경연구원 관계자의 우려 섞인 설명이다. 그렇다. 우리나라도 결코 공해병의 안전지대는 아니다.

러브커넬 사건
|

1970년대 초 미국의 나이아가라 폭포 인근 지역의 조그마한 마을에서 원인 불명의 환자가 계속 발생하였다.

"정신박약아, 심장질환, 간질병 환자의 발생이 급격히 늘었습니다. 기형아 출생과 임산부의 유산율도 빈발했습니다."

김종민 박사의 설명이다.

나중에 밝혀진 사실이지만, 수십 년 전 동네 인근 지역에 불법으로 매립한 유해 폐기물 때문에 발생한 세계적인 공해 사건이다. 소위 러브커넬 사건이다.

"러브커넬 사건은 정말로 무지한 사건입니다. 어떻게 미국이라는 나라에서 그런 사건이 발생했는지 이해가 안 돼요. 1930년대 초 미국의 러브(Love)라는 회사가 나이아가라 폭포 인근에 운하와 발전소의 건설을 추진하다가 부도나는 바람에 갑자기 공사를 중단하였고, 그로 인하여 운하 하부 지역에 큰 웅덩이가 남게 되었습니다. 1940년대 초 이 웅덩이는 인근 화학공장의 폐기물 매립장으로 사용되었습니다. 그 공장에서 발생한 각종 유해 화학 폐기물 수만 톤이 이 웅덩이에 매립되었습니다. 몇 년 뒤 폐기물 매립장으로 사용되었던 이 웅덩이를 복개한 후 그 자리에 학교와 택지를 조성했습니다. 결국 유해 화학 폐기물을 불법으로 매립한 땅에 학교를 짓고 집을 지은 꼴이 되었습니다. 이것이 러브커넬 사건의 전모입니다. 이 사건은 백악관까지 나서게 한 주요 환경 사건이 되었습니다. 미국 정부는 이 사건을 계기로 수십억 달러에 달하는 슈퍼 펀드(Super Fund)[*]를 조성하여 폐기물 불법 매립 실태를 조사하고 국토 복원 사업을 실시하였습니다."

김 박사의 보충 설명이다.

우리나라에도 과거 폐기물 매립장으로 사용한 지역이 전국적으로 수없이 많다. 그리고 이들 중 상당 지역이 택지나 공단 지역으로 바뀌었다. 폐기물 매립장에 대한 로드맵(road map)조차 없는 우리나라도 언제 러브커넬과 같은 사건이 발생할지 모를 일이다.

사스

중증 급성 호흡기 증후군인 사스(SARS)는 감기와 마찬가지로 코로나(Corona) 바이러스가 원인이 되어 발생되는 급성 전염병이다.

사스는 38℃ 이상의 고열과 함께 반드시 폐렴을 수반한다. 그래서 일본에서는 사스를 '비정형 폐렴' '신종 폐렴'이

---

* 미국 정부는 슈퍼 펀드(Super Fund)를 조성하여 10년 동안 3만3천여 지역의 오염 토양을 조사하였다.

라고 부른다. 사스의 치사율은 매우 낮은 것으로 알려져 있다. 사스는 태풍으로 치면 'C급 태풍'으로 불치병은 아니다.

"1만 명이 걸리면 9천 명 정도는 아무 증세 없이 지나가고, 900명 가량은 감기나 독감을 앓는 것처럼 앓다가 자연 치유됩니다. 감기처럼 환절기인 봄철에 유행하고 무더운 여름철이 되면 그 활력을 잃어버립니다. 아직까지 사스에 대한 치료약은 개발이 되지 못한 실정입니다. 증상에 따라 대증요법(對症療法)으로 치료하고 있습니다."

국립보건원 관계자의 설명이다.

20세기가 세균성 질환의 시대라고 한다면 21세기는 세균보다 1/100~1/1000밖에 안 되는 바이러스 시대이다. 에이즈, 사스는 대표적인 바이러스성 질환이다.

아직 바이러스에 대한 치료약은 거의 개발되지 못했다. 바이러스의 경우 치료약의 개발도 중요하지만 예방 대책이 무엇보다 중요하다. 사스 바이러스의 경우 공기를 통해 주로 감염되는데 나쁜 공기, 탁한 공기가 주 원인인 일종의 원시 질환이다.

다행스럽게도 사스에 대한 국내 피해 사례는 거의 없습니다. 중국에 가장 근접해 있으면서도 '사스 안전지대'인 것에 대해 혹자는 우리나라의 고유 음식인 김치, 된장, 마늘의 저

항성을 제기하기도 한다.

몇 년 전 장출혈성 대장균인 '0157'이 일본 오사카 지역을 휩쓸었을 때도 유독 현지 한국인들은 전혀 감염되지 않았다.

"그러나 우리나라도 결코 사스의 안전지대일 수는 없습니다. 중국의 사스 피해는 중국의 위생 관리 내지는 대기 환경 관리가 취약했기 때문일 것입니다."

국립보건원 관계자의 설명을 명심해야겠다.

슈퍼 박테리아

|

"항생제의 개발은 가히 혁명적 사건이었습니다. 불치병으로 여겼던 결핵, 콜레라, 장티푸스, 페스트, 성병으로부터 인류를 완전 해방시켰습니다. 아마 인류의 평균 수명을 최소한 10년은 늘렸을 것입니다."

김종민 박사의 항생제 예찬론이다.

최초의 항생제는 1928년 영국의 미생물학자인 플레밍에 의해 개발된 페니실린이다. 페니실린은 페니실리움이라는 푸른 곰팡이에서 추출한 항생제이다. 1943년 미국의 왁스만이 광범위 항생제인 스트렙토마이신을 개발하였으며, 그 후 테

라마이신, 클로람페니콜 등 400여 종의 항생제가 개발되었다.

항생제의 오남용으로 인한 부작용도 만만치 않다. 특히 항생제의 오남용으로 인한 내성균(耐性菌), 소위 슈퍼 박테리아의 출현이 그것이다. 슈퍼 박테리아는 일종의 환경동네의 이단자이다. 슈퍼 박테리아는 기존의 항생제에도 끄떡없을 뿐 아니라 성장 속도도 빨라 환경동네에 어떤 파장과 피해를 줄지 아무도 모른다. 슈퍼 박테리아의 피해에 대해서는 아직 잘 알려져 있지 않다.

슈퍼 박테리아의 출현은 농작물의 작황에도 적지 않은 영향을 끼치고 있다. 기존의 합성 농약에 내성이 강한 슈퍼 박테리아의 출현으로 농약의 약효가 떨어지거나 고농도의 농약을 살포해야만 농사를 지을 수 있게 되었다.

"슈퍼 박테리아는 사람으로 애기하면 슈퍼맨 같은 것입니다. 한마디로 말해 기존의 항생제나 농약으로는 끄떡도 하지 않는 대단한 녀석들입니다. 슈퍼 박테리아의 출현은 항생제의 오남용에 대한 자연의 경고입니다."

국립환경연구원 관계자의 설명이다.

7장
환경동네의
사건들

우리나라 최대의 환경 사고로 기록된 페놀 사건은

환경인들에게는 아픈 역사였다.

환경부 장관이 불명예로 물러나야 했고 공무원 7명이 형사 처벌되었다.

그러나 페놀 사건은 기업 환경 문제 해결의 큰 전환점이 되었다.

어쨌든 환경동네 주변에는 바람 잘 날이 없다.

크고 작은 사건들이 끊임없이 이어지고 있다.

인구 60억 시대

"세계적으로 1초에 3명, 하루에 24만 명의 아이가 태어납니다. 산업혁명 전의 세계 인구 *는 10억 명도 안 되던 것이 이제는 60억 명이 넘었습니다. 우리나라의 경우도 영조 때 700만 명에 불과하던 인구가 지금은 남북한 합하여 7천만 명이 되었습니다. 200년 만에 10배로 증가하였습니다."

통계청 관계자의 설명이다.

인구 60억 시대는 우리 인류에게 많은 과제를 던져 준다. 식량과 물 부족, 환경 오염 등이 그것이다. 세계 인구의 60%가 아시아, 20%가 아프리카 지역에 편중되어 있다. 하루 1달

---

* 세계 인구는 1500년대에 5억에 불과하던 것이 1804년 10억, 1925년 20억, 1974년 40억, 1998년 60억이 되었으며, 2050년경에는 100억 인구 시대가 될 전망이다.

러도 안 되는 생계비로 연명하는 절대 빈곤층이 이미 13억 명에 달하고, 매년 100만여 명이 기아로 굶어 죽어가고 있다.

"사람으로 인하여 폭증하는 이산화탄소, 메탄 가스, 프레온 가스 등이 지구촌의 산성비, 사막화, 삼림 파괴를 가져와 결국 지구촌에 종말이 올지도 모릅니다."

미국의 과학자 빌 맥키벤(Bil Mckiben)은 『자연의 종말』이라는 저서에서 경고하고 있다.

'현재의 추세대로 인구 증가, 산업화가 계속된다면 물 부족, 자원 고갈로 지구의 물리적 자정 능력이 한계에 부딪치게 될 것입니다. 이런 상태가 지속되면 2100년경에는 자원과 식량이 바닥에 달할 것이며 모든 성장이 멈추게 될 것입니다.'

로마클럽이 「성장의 한계(Limit to Growth)」란 보고서에서 언급한 내용이다. 그렇다. 우리의 환경동네는 정말로 위기에 처했다. 맥키벤의 경고와 로마클럽의 보고서는 결코 가볍게 듣고 넘길 일이 아니다. 10만 년을 살아온 우리 인류가 여기서 주저앉을 수는 없지 않는가.

물 전쟁

|

"전 세계의 이용 가능한 물의 총량은 대략 20조 톤 정도입니다. 현재의 인구가 살아가는데 필요한 물의 소요량은 연간 1조 톤으로 물은 충분한 것처럼 보입니다. 그러나 아마존강처럼 거의 사용치 못하는 물이 있고, 강수량이 고르지 못하여 지역에 따라서는 벌써 물 부족 현상이 심각한 수준에 이르고 있습니다."

건국대 최무웅 교수의 설명이다.

인구 증가, 인구의 도시 집중, 그리고 산업화에 따른 공업용수와 생활용수의 사용량이 늘면서 겨울철·봄철만 되면 연례행사처럼 물 부족 현상이 현실로 나타나고 있다.

"몇 년 전 용화 온천 건설을 두고 충북의 괴산군과 경북의 상주군 간에 마찰이 있었습니다. 또 용담댐 건설을 둘러싸고 전북과 충북 간의 갈등도 있었습니다. 대구의 위천국가산업단지 조성 문제도 근본적으로는 깨끗한 물의 이용에 대한 낙동강 상하류 지역 간의 갈등이라고 할 수 있습니다."

국제적으로도 인접 국가 간의 물 분쟁은 끊이지 않고 있다. '가자지역'의 물 이용권을 두고 이스라엘과 아랍 간의 계속되는 다툼은 대표적인 물 분쟁 사례이다.

"앞으로 물 때문에 전쟁이 일어날 수도 있습니다."

최 교수의 경고성 충고를 우리 모두 새겨 들어야겠다.

홍수

|

엘니뇨, 라니냐 현상으로 혹서(酷暑), 이상 가뭄, 집중 폭우 등 지구촌이 몸살을 앓고 있다.

"요즈음은 터졌다 하면 대형 사고입니다. 몇 년 전 중국 양쯔(陽子)강의 대홍수로 3천 명이 사망하고 2억2천만 명의 이재민을 냈습니다. 미국 중·동부 지역은 섭씨 40도를 넘나드는 무더위가 근 한 달째 지속되기도 했습니다. 우리나라의 경우에도 최근 들어 일부 지역은 매년 연례행사처럼 물 난리가 반복되고 있습니다. 과거에도 물 난리가 없었던 것은 아니지만 매년 반복되지는 않았습니다. 게다가 요즘 홍수는 거의 게릴라성 홍수에 가깝습니다."

수자원공사 관계자의 설명이다. 최근 들어 유독 물 난리가 더욱 심한 것 같다. 물론 과거에도 큰 홍수가 있었다. 성서에 나오는 노아의 대홍수로부터 1960년 인도의 대홍수는 1년간 자그만치 2만6천 밀리미터를 기록했다. 우리나라의 경우도

1925년 을축년 대홍수*는 기록적이었다.

"과거의 대홍수는 대개 10년 주기, 50년 주기로 나타났습니다. 요즘처럼 이렇게 반복적으로 나타나지는 않았습니다."

수자원공사 관계자의 분석이다. 그렇다. 뭔가 이상 징후가 보이고 있다. 엘리뇨, 라니냐 등 기상 이변이 겹치면서 앞으로의 홍수, 태풍의 강도는 그동안 우리가 경험하지 못한 미증유의 수준으로 발생할 우려가 있다.

"반복된 물 난리는 마치 환경동네의 복수 같아요. 아직도 정신 못 차린다고…."

한강
|

'한강이 얼지 않습니다. 한강의 결빙 일수**가 매년 감소하

---

* 을축년(1925년) 대홍수는 1일 370mm의 강수량을 보였다. 한강이 범람하여 뚝섬과 마포 일대가 물바다가 되었다. 517명의 인명 피해와 6만여 가옥이 침수되었으며, 1천 366억 원의 재산 상 피해를 가져왔다.

** 한강의 결빙 일수는 1930년대 65일, 1940년대 69일, 1950년대 43일, 1960년대 35일, 1970년 대 28일, 1980년대 21일, 1990년대 6일 등으로 감소 추세이다(통계청 분석 자료).

고 있습니다.'

통계청의 발표 내용이다. 결빙 일수뿐만 아니라 실제로 우리가 느끼기에도 요즘은 여간해서 한강이 얼지 않는다. 꽁꽁 얼어붙은 한강을 보기가 쉽지 않다.

한강이 얼지 않는 이유는 무엇일까?

"먼저 난방 연료 사용에 의한 열섬 현상을 들 수 있습니다."

서울시립대 동종인 교수의 설명이다.

열섬 현상은 도시 지역에서 주로 발생되는데, 도시의 주택·빌딩에서 뿜어 나오는 열기로 도시 전체의 기온이 상승하는 현상을 말한다.

"다음으로 대기 오염에 의한 온실 효과(溫室效果)를 들 수 있습니다."

온실 효과는 석유 등 화석 연료를 태울 때 주로 발생되는 이산화탄소(CO_2)가 원인이 되어 열섬 현상과 마찬가지로 기온 상승을 일으킨다.

"한강의 수질 오염도 한강을 얼지 않게 하는 이유 중의 하나입니다. 수질 오염 물질의 증가는 물의 비중을 높이고 결과적으로 어는점(氷點)을 낮춥니다."

바닷물이 소금 때문에 하천수보다 더 낮은 온도에서 어는 경우와 마찬가지라는 얘기이다.

"마지막으로 들 수 있는 것은 1980년대 중반에 실시한 한강 개발 사업의 결과를 꼽을 수 있습니다."

한강 개발 사업의 결과 한강 본류의 하천 수량이 증가되었으며, 그 결과 어는 점이 낮아졌을 가능성이 있다는 것이다. 이것은 깊은 물일수록 잘 얼지 않는 이치와 같다.

오존

'오존은 높은 게 좋을까? 낮은 게 좋을까?'

환경부 홈페이지에 올려진 어느 시민의 질의 내용이다. 질의 배경은 이렇다. 한때는 정부가 오존층이 파괴된다고 법석을 떨다가 최근에는 오존 경보, 오존주의보*라 하여 또 야단이니, 도대체 오존이 높은 게 좋은지 낮은 게 좋은지 헷갈린다는 것이다.

이것은 오존의 두 얼굴 때문이다. 대기권에서 25km 상공

---

* 오존의 농도가 0.12ppm 이상이면 발령된다.

에 위치한 성층권은 원래 오존층이라 하여 오존의 농도가 높다. 그에 비해 우리가 살고 있는 지표면인 대기권은 정상적이라면 오존이 거의 존재하지 않는다.

성층권의 경우 프레온 가스 때문에 오존층이 파괴되는 것이 문제가 되고 있다. 반대로 대기권은 자동차 공해 때문에 도심 지역을 중심으로 오존의 농도가 급격히 증가하고 있다.

"최근 들어 오존주의보 발령이 급격히 증가하고 있습니다. 오존주의보가 발령되었다고 당장 문제가 있다고 보기는 어렵지만, 높은 오존에 장기간 노출되면 노약자와 어린이의 경우 호흡기·기관지 계통에 피해가 우려됩니다."

환경부 관계자의 설명처럼 최근 여름철만 되면 도심 지역은 오존주의보가 아예 상습적으로 발령되고 있다. 오존층의 파괴도 마찬가지다. 편리하고 값싸다는 이유로 무분별하게 사용한 프레온 가스 때문에 오존층이 파괴되고 있다. 특히 남극 지방 상공에 위치한 오존층의 파괴는 더욱 심각하다.

"오존층은 태양에서 쏟아지는 광선 가운데 이로운 빛만 통과시키고, 해로운 자외선을 차단하고 흡수하는 천연 필터 역할을 합니다. 오존층이 자외선을 차단하지 못하면 암을 유발하거나 기형아 발생의 원인은 물론, 동·식물의 생장을 감소시키며 궁극적으로는 환경동네를 망가뜨립니다. 오존층의 오존 1%가 파괴되면 지구에 닿는 자외선은 2%가 증가합니다."

오존의 두 얼굴 중 한쪽 얼굴은 있던 것이 없어져서 문제이고 다른 한쪽은 없던 것이 생겨나서 문제이다. 한 가지 분명한 것은, 두 쪽 다 우리 인간이 편리함 때문에 너무 많이 사용한 제품들로 인해 야기된 달갑지 않은 현상이다.

녹조, 적조
|

"녹조(綠潮), 적조(赤潮)의 피해가 매년 증가하고 있습니다. 생활하수, 축산 폐수, 산업 폐수가 그 원인입니다. 녹조, 적조가 나타나면 하천과 연안 지역은 산소 결핍 현상을 초래합니다. 물고기 폐사, 김 양식장 피해 등 많은 부작용이 나타납니다."

국립수산진흥원 관계자의 설명이다.

"서기 161년 신라 아달왕 8년과 서기 639년 선덕여왕 8년에 동해에서 발생된 자연 현상이 『삼국사기』에 기록되어 있습니다. 그것이 오늘날의 적조 현상과 같은 것인지는 확인할 수 없지만, 음력 8월경 붉은색의 조류들이 발생했다고 기록되어 있습니다."

구약성서에 나오는 '강물이 전부 피로 변하여 고기가 죽고 물에서 냄새가 나서 마실 수 없게 되었다'라는 구절도 오늘의 과학적 시각에서 보면 적조 현상에 의한 영향으로 볼 수도 있다.

"1960년대 이전까지만 하더라도 적조가 발생된 기록은 몇십 년에 한 번 있을까 말까 하였습니다. 옛날의 적조는 오염에 의한 것이라기보다는 일종의 자연 현상이었습니다. 그러던 것이 1970년대 이후부터는 발생 빈도가 급격히 증가했습니다. 1970~1980년대는 특정 지역에 국한되더니, 1990년대 들면서부터는 전국적으로 발생되고 있습니다. 한마디로 적조 비상입니다."

수산진흥원 관계자의 분석이다. 이제 여름철만 되면 으레 적조가 발생하고 있다. 특히 날씨가 무더운 해는 더욱 피해가 크다.

골프장

'골프장이 환경 오염의 주범이다. 그린에 뿌리는 농약이 문제다. 또한 내방객의 생활 오수도 만만찮다.'

골프장과 관련하여 환경 측면의 비판의 목소리가 높다.

골프의 역사는 매우 길다. 14세기 초로 추정되는 네덜란드의 고전 작품에서 하키의 스틱처럼 구부러진 막대기로 볼을 치는 소년, 소녀의 모습을 볼 수 있다. 이것이 골프의 기원이라는 설(說)이 있다. 또 1430년경 스코틀랜드의 양치는 소년들이 굽은 지팡이로 돌을 날려 양떼를 몰기 시작한 것이 골프의 기원이라는 주장도 있다.

골프가 우리나라에 처음 도입된 시기는 1880년경이다. 함경남도 원산의 세관 구내에 영국인 주재관이 6홀짜리 골프장을 만들어 사용한 것이 효시이다. 그 후 1921년 일본인에 의해 효창공원 내에 9홀짜리 골프장이 개장되었다. 그러나 골프장이 본격적으로 건설된 것은 1980년대 중후반의 일이다. 이무렵 골프장 건설업체의 무분별한 상업적 개발 의지와 행정 당국의 세수 확보라는 이기주의가 맞물려 수도권 지역을 중심으로 우후죽순 격으로 허가되었다.

"현재 전국적으로 250여 개의 크고 작은 골프장이 운영되고 있습니다. 특히 우리나라 골프장의 60~70%가 수도권 지역에 밀집되어 있으며, 그것도 용인 · 이천 · 광주 등 특정 지역에 집중되어 있습니다."

용인시의 경우 허가된 것까지 합치면 30개가 넘는다. 적

법한 절차를 거쳐 허가되었다 하더라도 일부 특정 지역에 집중되는 것은 문제가 있다. 용인시에 설치된 골프장 면적은 줄잡아 여의도 면적의 10배가 넘는다.

골프장 하면 빼놓을 수 없는 것이 환경 오염 문제이다. 특히 우리나라처럼 산을 깎아 민둥산으로 만드는 것이 문제이다. 땅값이 비교적 싸고 대규모 부지 면적을 확보하려다 보니 도시 근교의 야산을 마구잡이로 깎아 골프장을 조성한 것이다.

이 과정에서 많은 양의 토사를 유출시키고 홍수 시 인근 농토를 오염시켰다. 1992년 6월 홍수가 났을 때 공사중인 용인시 소재 골프장 공사 현장의 토사가 인근 농토를 뒤덮은 적도 있다.

"대부분의 골프장이 상수원 보호 구역이나 주요 하천의 상류 지역에 있기 때문에 상수원을 오염시킵니다. 경관이 좋은 곳은 모두 골프장이 들어섰어요. 골프 공화국 같아요."

민간 환경단체 관계자의 주장이다.

두만강
|

두만강 푸른 물에 노 젓는 뱃사공~

고(故) 김정구 선생의 노래 가사이다. 두만강은 우리나라의 대표적인 강으로 수심이 깊고 깨끗하다. 그런데 두만강이 옛날의 두만강이 아니다. 북한의 오염 실태에 대한 자료가 없어 두만강의 수질 오염을 정확히 알 수는 없다. 최근 북한을 다녀온 사람들의 얘기에 의하면 두만강 상류의 광산에서 나오는 광산 폐수와 돌 가루, 중하류 지역의 펄프, 제지, 화학 공장에서 나오는 유기물질로 인하여 두만강의 탁도가 매우 높다고 한다.

'두만강 하류 지역의 혼탁도는 한강의 2배 수준이다.'

서울대 김상종 교수의 연구 보고서에 언급된 내용이다.

북한의 환경 오염 실상은 어느 정도일까? 아쉽게도 이 문제에 대한 정확한 자료는 알려지지 않고 있다. 아마 있어도 공개를 하지 않을 것이다.

"동독의 오염 실태와 동구 전 지역의 환경 실태를 참고할 때 북한 지역의 오염 실태도 결코 만만치 않을 것입니다. 특히 북한의 공업은 제철, 제련, 시멘트, 비료 공장과 같은 것이 주종을 이루고 있습니다. 이들 업종들은 대부분 에너지를 많이 쓰고, 분진과 폐수가 많이 나오는 공해 업종들입니다."

환경부 관계자의 설명이다. 게다가 북한의 경우 상대적으로 정화 시설을 제대로 설치, 가동하지 않아 오염 피해는 더욱 큰 것으로 알려져 있다. 대기 오염이 특히 심한 곳은 청진, 함흥, 김책, 문천, 남포, 해주 등을 들 수 있다. 특히 청진과 흥남 일대는 맑은 낮에도 1km 앞을 제대로 볼 수 없을 만큼 대기 오염이 심각한 것으로 알려져 있다.

페놀 사건 1

1991년 3월 14일 20시부터 다음날 새벽 6시까지 경북 구미시 구미 공단 소재 두산전자 구미공장에서 페놀 원액 30여 톤이 인근 옥계천으로 방류되어 낙동강을 오염시켰다. 소위 낙동강 페놀 사건이다.

"페놀 사건으로 낙동강을 취수원으로 사용하는 낙동강 하류 지역의 1천만 주민이 피해를 입었습니다. 특히 구미 공단 인접 지역인 대구 지역의 경우, 페놀에 의한 수돗물 악취와 임산부 · 노약자들이 피해를 입었습니다. 일주일 이상 심한 악취로 수돗물을 이용하기가 어렵게 되었고, 공단 지역의 용수 공급에도 차질을 가져왔습니다."

환경부 관계자의 설명이다.

페놀 오염 사고가 발생했는데도 당국에서는 이를 감지하

지 못하였다. 주민들이 수돗물에서 악취가 난다고 계속 신고하자 뒤늦게 대처에 나섰다. 대구시 다사 정수장은 수돗물에서 악취가 난다는 신고를 받은 후 소독을 위해 염소 투입을 더욱 늘렸다고 한다.

페놀 오염의 경우 염소 소독을 하면 염화페놀이 형성되어 악취가 더 심해진다. 염화페놀은 페놀보다 악취가 100배나 더 강하다.

페놀 오염 사고가 발생하여 수도관으로 유해 물질이 유입되는데도 당국에서는 원인조차 밝히지 못하였다.

TV, 신문은 연일 대서특필하고 온통 난리법석이었다. 사고가 발생한 지 이틀이 지나서야 악취 물질이 페놀일 가능성이 있다는 결론을 내리고, 상류 지역의 페놀 사용업체에 대한 조사가 착수되었다. 조사 4일 만에 대구지방환경청 직원에 의해 두산전자의 지하에 매설된 페놀 원액 탱크가 파손되어 페놀 원액이 유출되었음이 밝혀졌다. 어처구니없는 사고였다.

페놀 사고는 당시 허남훈 환경부 장관을 물러나게 했고, 현직 공무원 7명이 사법 처리되었다. 두산전자는 관계자의 사법 처리와 함께 대구시에 200억 원을 손해 보상금으로 내놓았다. 두산전자의 피해는 여기에서 끝나지 않았다. 환경단체, 시민단체의 두산 제품 불매 운동이 시작되었다. 페놀 사고로 가장 피해가 컸던 기업은 뭐니뭐니해도 OB 맥주였다. OB 맥주는 시장의 80% 가까이를 점유할 만큼 시장 지배력이 컸던 제품이었다. 페놀 사건 때문만은 아니겠지만, 페놀 사건 이후 얼마가지 않아 OB 맥주의 판매량은 급격히 떨어졌다. 페놀 사건으로 이래저래 두산그룹이 입은 직·간접 피해는 수천억 원에 달했다.

페놀 사건은 기업 환경 관리의 새로운 전기를 마련하였다. 그동안 기업들은 환경 관리를 마지못해 하는 필요없는 비용으로 생각했다. 당시까지만 해도 상당수의 공장들은 법 때문에 마지못해 폐수 처리 시설을 설치해 놓고는 가동하지 않는 경우가 많았다.

그러나 페놀 사건은 기업 환경 관리의 중요성을 새롭게 인식하는 계기가 되었다. 환경 관리를 소홀히 했다가는 회사 전체가 망할 수도 있다는 것을 보여준 것이다.

페놀 사건은 대기업들을 180도 달라지게 했다. 그룹 차원의 환경 관리가 시작된 것이다. 비서실 또는 그룹 기조실 내에 환경 특별팀이 만들어졌다.

"그룹 기조실 내에 환경 관리 암행 감사팀을 만들어 자체 점검을 불시에 실시하고, 기준 초과 시 엄한 인사 조치를 단행하였습니다. 페놀 사건은 기업 환경 관리의 역사를 바꾸기에 충분했습니다."

삼성 지구환경연구소 관계자의 설명이다. 기업 환경 관리의 변화는 거기에서 그치지 않았다.

"페놀 사건은 일부 대기업의 환경 산업 진출을 촉발하였습니다. 어차피 하는 김에 조금 더 투자해서 자체 환경 관리도 하고, 새로운 유망 업종으로 환경 산업에 진출하겠다는 것이지요. 페놀 사건은 정부 환경 정책에도 큰 영향을 미쳤습니다. 지방환경청의 조직을 강화하는 계기가 되었습니다. 아울러 환경 범죄에 대한 벌칙도 강화되었어요. 1991년 5월 공포된 '환경 범죄 처벌에 관한 특별 조치법'은 페놀 사건 때문에 만들어진 법입니다. 그래서 혹자는 이 법을 '페놀법'이라고도 부릅니다."

환경부 관계자의 설명이다.

당시의 법령 체계로는 환경 사고를 근본적으로 막을 수 없었기 때문에, 환경 사고의 경우 행위자는 물론 악덕 기업주까지 강력하게 형사 처벌할 수 있는 근거를 마련한 것이다.

페놀 사건 2
|

만일 환경청 직원이 페놀 사건의 원인을 밝혀내지 못했다면 어떻게 되었을까? 사건은 미궁에 빠졌을 것이고, 정부는 원인조차 밝히지 못한다고 언론의 질타를 받았을 것이다. 여론은 더욱 나빠졌을 것이다. 그러나 환경부 장관이 책임을 지고 물러나지는 않았을지 모른다. 왜냐하면 페놀 사건이 단순한 수돗물의 악취 사건이었다면 당시의 경우 보건사회부장관이 책임져야 할 사안이었기 때문이다.

페놀 사건에 관한 한 환경부는 다소 억울한(?) 면이 없지 않다. 두산전자의 페놀 원액 탱크가 파손되어 페놀 원액이 유출된 것이므로 엄밀하게 얘기하면 그것은 작업장의 안전 사고에 가깝다. 작업장의 안전 관리 업무는 노동부 소관이다.

페놀 사건은 대구 환경청에서 적발하여 환경부에서 발표한 후부터 환경 사건으로 바뀌었다. 환경부에서 의욕적으로 나서서 원인을 밝힌 것이 환경 사건이 된 이유였고, 결과적으로 환경부 장관이 책임을 지고 사표를 던져야 했다. 당시 환경부 장관은 의욕적으로 원인을 밝힌 부하직원이 야속했을지도 모른다. 그러나 그것은 환경부의 업보였을 것이다.

환경 문제에 대해 정부도 손 놓고 있고 기업들은 시늉만

하고 있었으니 하늘이 천벌을 내린 것일까?

"내가 부덕한 탓이다. 내가 장관으로서 모든 책임을 지겠다"는 말을 남기고 환경부 장관은 사건을 마무리 짓고 조용히 물러났다. 장관 개인으로 보면 참으로 억울한 노릇이다. 장관은 쓸쓸하게 과천청사를 물러났다. 페놀 사건을 뒤로 한 채….

쓰레기

"사람이 있는 곳에 쓰레기가 있어요. 아담과 이브가 무화과 나무에서 과일을 따먹고 과일 씨를 버렸다면 그것도 오늘의 시각에서 보면 쓰레기지요. 쓰레기는 동서고금을 막론하고 늘 문제입니다."

환경부 관계자의 설명이다.

우리나라 쓰레기 행정의 효시는 조선 초기로 볼 수 있다. 1392년 태조 이성계는 궁내에 내시부 소속 정 8품 급의 청소 담당 6명을 두었다. 조선 후기에는 '기회자장팔십 기분자장 오십(棄灰者杖八十 棄糞者杖五十)'이라는 금표(禁標)를 전국 곳곳에 설치하였다. 쓰레기인 재를 함부로 버린 자는 곤장 80

대요, 똥을 함부로 버린 자는 곤장 50대를 가하겠다는 것이다. 우리나라 쓰레기 불법 투기에 대한 최초의 벌칙이다. 이 금표는 지금도 강화도 지역에 남아 있다.

"아직도 자동차 창문 밖으로 담배 꽁초를 버리는 사람이 있습니다. 명절, 피서철만 되면 피서지가 온통 쓰레기 천국이 됩니다. 쓰레기 투기 시 과태료는 쓰레기의 종류에 따라 최소 5만 원에서 20만 원까지 부과됩니다. 하지만 쓰레기 단속은 현실적으로 어렵습니다."

환경부 폐기물국 관계자의 고백이다.

역사는 반복되는 것일까? 조선시대의 곤장 80대가 과태료로 바뀐 것 외에는 달라진 게 없는 것 같다. 아니 오히려 시민 의식은 그때보다 훨씬 퇴보하였는지도 모른다. 이제 뭔가 달라져야 된다는 환경부 관계자의 호소는 오늘을 사는 우리에게 많은 것을 생각하게 한다.

난지도

|

김포공항에서 강변도로를 타고 시내 쪽으로 4~5km 들어오다 보면 한강 좌측 편에 작은 동산이 보인다. '난지도 쓰레기

동산'이었던 것이 지금은 생태공원으로 조성되어 시민들의 사랑을 받고 있다.

난지도는 원래 중초도(中草島)라고도 하였다. 1978년 서울시가 쓰레기 매립장으로 사용하기 전까지만 해도 미나리꽝이 군데군데 있는 유수지였다. 여의도와 함께 풀이 듬성듬성 보이는 운치 있는 곳이었다.

1978년 서울시가 쓰레기 매립장으로 사용하면서 난지도의 운명은 바뀌었다. 말이 쓰레기 매립장이지 실제로는 쓰레기 투기장이었다. 낮에는 가정 쓰레기가 묻혔고, 밤에는 공장에서 나온 온갖 쓰레기가 묻혔다.

1992년 매립지가 문을 닫을 때까지 15년간 1억 톤이 넘는 각종 쓰레기가 묻혔다. 89만 평에 달하는 한강 하류의 작은 섬, 난지도는 자그마치 90m 높이의 쓰레기 동산으로 바뀐 것이다. 무슨 쓰레기가 얼마나 묻혔고, 난지도로 인한 한강 오염이 어느 정도인지 정확히 알지 못한다.

지난 얘기지만 난지도 매립장은 법적 요건을 전혀 갖추지 못한 불법 매립장이었다. 서울시가 불법에 앞장 섰고, 정부(환경부)가 눈감아 준 셈이다.

개인이 담배 꽁초를 버려도 쓰레기 과태료 5만원을 부과하면서 차(車)떼기로 1억 톤의 쓰레기를 불법으로 매립하는

데는 과태료 한 번 물리지 않았다. 담배꽁초 과태료가 5만 원이라면 1억 톤의 쓰레기를 불법으로 투기한 서울시의 과태료는 얼마나 될지… 그야말로 천문학적 숫자이다.

그러나 공짜는 없다. 서울시는 15년간 손쉽게, 값싸게 쓰레기를 처리한 대가를 치렀다.

1992년 난지도를 폐쇄하면서 서울시는 뒤늦게 난지도 복원 공사를 추진하였는데, 공사 기간 3년에 공사비가 2천억 원이 넘었다. 게다가 서울시의 난지도 복원은 완전 원상 복구가 아니라 주변을 단순 정리하는 정도였다. 난지도를 안정화시키는데는 많은 시간과 노력이 필요하였다.

어디 그뿐인가? 난지도로 인한 환경 오염은 얼마인가? 쓰레기 썩은 물인 침출수(浸出水)는 한강 하류를 15년간 오염시켰고, 매립이 끝난 지금까지도 침출수가 흘러나오고 있다.

악취는 어찌하였는가? 지금은 상암동 주변에 아파트와 월드컵 경기장이 들어섰지만, 매립 당시 주변의 악취는 코를 찌를 정도였다. 매립지에서 발생되는 가스도 문제였다. 매립지에서는 메탄가스와 탄산가스가 주로 발생되는데, 특히 메탄가스는 인화성이 매우 강하다. 그래서 그런지 난지도에는 불이 멎을 날이 거의 없었다. 일부러 불을 내어 쓰레기를 태운 경우도 있었지만, 매립 가스에 의하여 자연 발화된 경우도 많았다.

1990년대 중반 난지도에 위치한 한국자원재생공사의 재활용 센터에 불이 났을 때 소방차가 수십 대 동원됐지만 불을 끌 수 없어 애를 먹었다. 완전히 진화하는데 1주일이 걸렸다. 매립지 내부에서 가스가 계속 올라와 소방 호스로 물을 뿌려도 불을 끌 수가 없었던 것이다. 마치 주유소에 불이 난 것과 같았다.

어쨌든 난지도는 왜 환경은 미리미리 관리해야 하는지를 보여 주었다. 환경에 공짜는 없다.

한국판 러브커넬 사건

"우리 지역에는 무조건 안 됩니다. 아무 문제가 없다면 당신 사무실 앞이나 당신네 동네에 설치하시오."

1987년 경기도 화성시 소재 환경관리공단 화성사업소 인근 주민들이 주장한 내용이다.

특히 1987년 화성사업소 인근 마을에서 세 발 달린 송아지가 발견되면서 주민 반대 시위는 더욱 격렬해졌다. 특정 폐기물 처리장인 화성사업소에서 배출된 유해 물질 때문에 기형 송아지가 태어났다는 것이다. 뿐만 아니라 50여 가구가 살고 있는 지역 주민들이 건강 피해를 호소하였다.

당시 화성사업소는 수도권 지역의 주요 공업 단지에서 나오는 유해 폐기물 처리장이었다. 말하자면 국가의 공공처리장이었다. 당국에서는 관계 전문가와 합동으로 역학조사(疫學調査)를 실시하였다. 조사 결과 세 발 달린 송아지가 화성사업소 때문인지는 확인하지 못했다.

기형 송아지는 확률은 낮지만 정상적인 상황에서도 발생될 수 있으므로 그 기형 송아지가 자연 발생적인 것인지 아니면 화성사업소의 유해 폐기물 때문인지 밝히지 못했다.

그러나 화성사업소 인근 지역 주민들은 기형 송아지의 출현과 주민 건강 피해를 이유로 화성사업소의 전면 폐쇄를 주장하였다. 결국 수차례에 걸친 협의를 거쳐 지역 주민에 대한 각종 보상 사업을 추진하는 조건으로 화성사업소의 운영은 정상화되었다.

"화성사업소의 세 발 송아지 사건은 한국판 러브커넬 사건이었어요. 이제 화성사업소는 폐쇄되었지만, 그 사건은 우리에게 폐기물 처리의 중요성을 일깨워 주었습니다."

환경부 관계자의 설명이다.

김포 매립장

|

"단일 규모로는 세계 최대의 매립장입니다. 우여곡절을 겪었지만 지금은 세계적인 우수 매립지로 변모하였고, 외국에서도 견학차 방문하고 있습니다."

수도권 매립지 관계자의 설명이다.

김포 매립장은 단일 규모로는 세계 최대이다. 자그마치 630만 평. 여의도 면적의 7배, 용산구 면적과 맞먹는다. 서울, 인천, 경기도 20여 개 시군의 2천만 인구가 함께 사용하는 매립지이다.

1987년으로 기억된다. 당시 환경청에서는 난지도 이후에 수도권 지역의 쓰레기를 처리할 대규모 매립지 확보 문제로 고민이 많았다. 난지도는 더 이상 사용할 수 없는 한계에 도달했기 때문이다. 관계자들이 수도권 일대를 샅샅이 뒤지며 후보지를 물색했다.

면적이 어느 규모 이상 되어야 하고, 교통 문제도 고려해야 했다. 몇 달의 조사 끝에 후보지 한 곳을 찾아냈다. 지금의 김포 매립장이었다. 당시 행정 구역으로는 김포군 검단면으로 동아건설이 매입한 땅이었다. 면적도 충분하고 교통도 서울, 인천, 경기 지역에서 40km 이내 거리에 있었다. 입지 조건은 완벽했는데 동아건설 소유의 땅이라는 점이 문제였다.

실무진은 청장(당시 박판제)에게 조사 결과를 보고하였다. 보고를 받은 박 청장은 두 장짜리 병풍식 보고서를 만들었다. 그리고 비서진에게 청와대 보고 일정을 잡도록 지시하였다.

얼마 후 박 청장은 전두환 대통령에게 보고했다.

"각하, 수도권 지역의 매립지 문제가 큰일입니다. 현재 쓰고 있는 난지도는 이미 포화 상태입니다. 후보지를 조사했더니 김포 지역에 한 곳이 있긴 한데 그 땅이 동아건설 소유의 땅이라…."

전 대통령은 부속실에 지시하여 토지 소유주인 동아건설 최원석 회장을 청와대로 들어오라고 지시했다. 다음날 오전 최 회장은 영문도 모르고 청와대에 들어갔다.

"최 회장, 김포에 좋은 땅을 가지고 계시더군요. 쓰레기 매립장으로 사용할 땅이 없어 걱정입니다. 최 회장이 국가에 협조 좀 해주셔야겠습니다. 1천200만 평 중 절반만 협조를 해주시지요."

"예. 각하."

최 회장은 달리 토를 달 수가 없었다고 한다. 최 회장이 대통령 집무실을 빠져나가자 곧바로 전 대통령은 환경청장을 연결하라고 지시했다.

"박 청장, 최 회장이 협조하기로 하였습니다."

"감사합니다. 각하."

박 청장은 실무진에게 지시하여 동아건설 땅 구매에 착수하였다. 정부에서 땅을 살 경우 당시로서는 시가 보상은 불가능했다. 공시지가가 있으면 공시지가로 사야 했다. 당시 동아건설 소유의 땅은 매립 면허만 획득한 상태라 아직 땅의 족보가 없었다. 공시지가가 결정되어 있지 않았음은 물론이다. 감정 평가액으로 살 수밖에 없었다. 감정 평가를 위해 감정평가원과 민간 평가사에게 각각 의뢰하였다. 특혜 시비를 없애기 위해서였다. 그런데 예상했던대로 평가액이 시가와 너무 차이가 났다. 감정 평가액은 평균치로 7,300원이었으니 땅을 빼앗기다시피 했다. 서슬이 시퍼런 당시로서 청와대의 요청을 거절할 수도 없었을 것이므로 당시 최 회장의 심정은 매우 착잡했을 것이다.

정부가 초창기 김포 매립지 관련 공사를 동아건설에 수의계약으로 준 것은 동아건설 측의 손해를 보상하기 위한 배려 차원이었을 것이다. 어쨌든 이렇게 어렵게 확보한 매립지는 다시 공사비 확보 문제, 민원 문제로 또 한 번의 홍역을 치른다.

예산 당국(EPB)은 땅값 450억 원과 공사비에 대한 국고 지원 요청에 대해 쓰레기 매립지 관리는 지방자치단체의 고유 사무이므로 국가에서 지원할 수 없다고 버텼다. 결국 예산 문제는 서울시를 참여시켜 해결을 보았다.

예산 문제가 해결되고 나니 인근 지역 주민의 반대의 벽에 부딪쳤다. 경운기를 앞세운 지역 주민의 반대는 결사적이었다. 당시까지만 해도 정부나 자치단체의 공공시설은 정부가 공권력을 동원해 쉽게 해결을 보았다. 그러나 1980년대 후반부터 일기 시작한 민주화의 물결은 더 이상 정부의 일방적인 강행을 불가능하게 했다. 정부도 대화로 풀 수밖에 없었다. 이 일로 김포주민대책위원회가 발족하게 되었다. 김포주민대책위원회는 우리나라 최초의 주민을 대표하는 민간 조직이었다.

"김포 매립장이 오늘의 세계적인 수준의 매립장으로 자리 잡는데는 주민 감시 역할이 컸지요. 혹자는 김포 매립지의 경우 주민 참여로 쓰레기 행정이 10년은 앞당겨졌다고 평가하기도 합니다."

환경부 관계자의 설명이다.

"김포 매립장도 처음에는 침출수 처리 문제 등으로 어려움이 많았습니다."

우여곡절 끝에, 그리고 많은 시행 착오를 거쳐 오늘의 세계적인 매립장이 세워졌다. 결코 우연은 아니었다.

주민대책위원회
|

"위원장님, 도와주십시오. 잘하겠습니다."

1993년 5월로 기억된다. 당시 환경부 장관이었던 황산성 씨는 이른 새벽 주민대책위원들을 설득하기 위해 김포로 직접 찾아갔다. 그날 황 장관은 당시 추인섭 위원장(작고)의 손을 꼭 잡고 간청했다. 덕분에 교착 상태에 빠졌던 주민과 정부 간의 갈등은 해소되었고, 수도권 지역의 쓰레기 반입이 순조롭게 진행되었다.

그 과정에서 주민대책위원회와 정부(환경부) 간에 합의서를 남겼는데, 합의서 문안 중에 매립지 관련 주요 사안은 반드시 주민대책위원회와 협의한다는 조항이 있었다. 이 조항은 당시로서는 불가피했지만 나중에 두고두고 정부의 발목을 잡는 족쇄로 작용했다.

그 이후 매립지 관련 주요 사안들은 주민대책위원들과 정부 측 관계자가 함께 자리를 하여 논의하게 되었다. 말이 논의지 주민대책위원들이 주도하였다. 매립지와 관련하여 정부가 안방을 내준 셈이다.

1992년 10월 주민 감시반에 적발된 서울시 모(某) 구청의 경우는 3일간 쓰레기 반입이 중단되기도 하였다. 서울시 구청의 청소과장들은 주민대책위원들에게 미운 털이 박히면 혼쭐이 났다. 제일 무서운 벌칙이 쓰레기 반입 중단 결정이다. 주민대책위원회는 절대로 서울시나 인천시 전체를 상대로 쓰레기 반입 중단 조치를 하지는 않았다. 그들은 선별하고 선별하여 1~2개 구청에 대해 벌칙을 가했다. 그렇기 때문에 각 구청별로 충성 경쟁이 대단했다. 한 번은 모(某) 구청 청소과장이 대책위원들과 점심을 먹으면서 주민들이 권한 폭탄주 때문에 병원으로 후송되기도 하였다.

김포 매립장의 지나친 주민 참여를 두고 '김포법'이라고 표현하기도 한다. 쓰레기 관리에 관한 근거법으로 폐기물 관리법이 있으나, 김포 매립지에서는 폐기물 관리법보다 우선하는 것이 주민대책위원회의 결정이라는 것이다.

"김포 매립지 대책위원회는 우리나라 폐기물 관리 행정을 선진화하는데 기여하였지요. 하지만 지나친 주민 참여는 또 하나의 지역 이기주의를 낳았습니다."

환경부 관계자의 지적이다.

청계천 복원

영조는 조선조 임금 중에서 가장 오랫동안 재위(52년)하였으며 조선조 후기를 꽃피웠던 군왕이다. 영조는 또한 우리나라 최초의 본격적인 환경 정화 사업을 시행한 것으로도 잘 알려져 있다.

청계천은 서울의 한복판인 종로구와 중구의 경계를 흐르는 조그마한 소하천이다. 북악산, 인왕산, 남산에서 발원한 물이 여기에 모여 동쪽으로 흘러 왕십리 바깥 살곶이 다리 근처에서 중랑천과 합쳐져 한강으로 흘러 들어간다. 청계천의 본래 이름은 개천(開川)이었다. 태조 이성계가 한양을 도읍으로 정한 조선조 초기에는 자연 하천 그대로였다. 당시 홍수가 나면 민가가 침수되고 물 난리를 일으켜서 태종 12년인 1412년에는 최초의 개거 공사를 벌여 치수 사업을 시행하였다. 이것이 우리나라 최초의 하수도 사업이자 환경 사업이라 할 수 있다.

그러나 청계천의 본격적인 치수 사업은 1760년(영조 36년)의 일이었다. 당시 청계천 준설 사업의 목적은 두 가지였다. 첫번째 목적은 오염된 하천의 정화와 홍수 방지였고, 다른 목적은 실업자 구제 대책의 일환이었다.

당시 청계천 준설 사업은 영조가 당시 한성부윤(지금의 서울시장) 홍봉한의 건의를 받아들여 시행했다. 당시 서울(한양)의 인구는 20만 명을 조금 상회하였고, 청계천은 서울의 중심 하천이었다. 당시 청계천은 분뇨와 쓰레기로 심하게 오염되어 악취가 나고 식수마저 조달하기 어려운 지경이었다. 그리고 퇴적된 각종 오물들로 인하여 홍수의 범람이 잦아 홍수 피해가 심각하였다.

몇 년간 지속된 가뭄으로 흉년이 들자 농민들이 대거 서울로 몰려들었다. 무작정 상경한 서민들의 일자리는 마포 나루터와 종로, 남대문을 잇는 시장 터의 지겟일이 고작이었다. 때문에 실업자가 사회 문제로 대두되어 고용 정책이 시급한 실정이었다.

이 사업은 영조 37년까지 2년에 걸쳐 지속되었다. 청계천의 치수 사업과 준설 사업으로 하천의 흐름을 직선화하는 유로 변경과 함께 양쪽 측면을 석축(石築)으로 보완했다.

"청계천 준설 사업은 우리나라 최초의 환경 정화 사업이며 정부가 주도한 대규모 고용 정책이었다는데 큰 의의가 있습니다. 반면 이로 인하여 많은 소작 농민들이 한양으로 유입되어 한양의 인구 증가를 촉발하기도 했습니다."

환경부 S국장의 설명이다.

어쩌면 영조의 청계천 준설 사업은 세계 최초의 뉴딜 정책인지도 모른다. 미국이 경제 공황을 타개하기 위하여 추진한 1933년의 뉴딜 정책보다 170여 년 전에 실시된 것이다.

〈당시 청계천 준설 사업에 참여한 인부들에게 지급한 임금은 한 달에 쌀 9말이었고 돈으로는 2원30전이었다. 한 달 품삯으로 쌀 9말은 당시로서는 파격적인 임금 수준이었다. 당시 농촌의 소작농 연봉과 맞먹는 수준이었다. 그 이후 철종·고종 때에도 청계천 준설 공사는 시행되었고, 수표교·광교·영미교 등 크고 작은 다리 24개를 증개축하였다.〉

『조선실록』에 기록된 내용이다. 청계천의 다리는 조선시대의 풍류를 대변하고 연 날리기 등 세시풍속이 담겨져 있는 유서 깊은 곳이기도 하다.

"청계천은 서울의 도심 한복판을 흐르는 역사적인 강입니다. 청계천을 복원하여 서울의 자존심을 지키겠습니다. 제가 서울시장으로 당선되면 청계천을 옛 모습으로 되살리겠습니다."

2002년 6·13 지방선거에서 한나라당의 서울시장 후보였던 이명박 씨는 후보 합동 유세장에서 이렇게 외쳤다.

청계천 복원에 대하여는 찬반양론이 있었다. 환경을 위해 원래 모습으로 복원해야 된다는 주장과 교통·예산 문제를 들어 불가능하다는 주장이 맞서고 있었다.

2003년 7월 착공한 청계천 복원 사업은 2005년 9월에 마무리되었으며, 중랑천 · 정릉천 · 성북천 등 주변의 도시 하천도 자연형 하천으로 정비중이다.

"청계천의 복원은 오히려 때늦은 감이 있습니다. 서울의 옛 모습을 찾고 삭막한 서울을 문화의 도시로 만들어야 합니다."

환경단체 관계자의 주장이다.

8장

환경동네의
숙제들

우리들의 과욕으로 빚어진 환경동네의 현안 과제들,

발등의 불이 된 기후 변화 협약, 진퇴양난의 새만금 사업,

봄철만 되면 반복되는 황사 문제,

21세기의 페스트로 불리는 환경호르몬 문제 등

풀어야 할 문제가 산적해 있다.

시화호
|

시화호를 인공 호수로 만들어 인근 농지에 용수를 공급하고 새로운 관광 단지를 조성하겠다는 것이 당초 시화호 조성 목적이었다.

"거대 인공 호수 시화호는 원래 담수호로 만들어 간척지에 용수를 공급하려고 했습니다. 그러나 수질 오염 때문에 담수호를 포기하고 말았습니다."

한국수자원공사 관계자의 설명이다.

1994년 시화 공단 인근의 방조제 물막이 공사가 성공적으로 끝났다. 덕분에 거대한 인공 호수 시화호가 조성되었고, 간척지 3천5백만 평이 새로 생겼다.

그러나 시화호는 당초 환경 전문가들이 우려한대로 인근 시화 공단에서 유입되는 공장 폐수와 안산시, 시흥시에서 유입되는 생활 하수로 인하여 계속 수질이 악화되었다.

"시화호 조성 1년 만에 화학적 산소 요구량(COD)이 30ppm에 육박했습니다. 냄새가 심하게 날 뿐 아니라 겉으로 보기에도 호수 전체가 연한 황토색이었습니다. 호수가 아니라 폐수 저장 탱크였습니다."

환경부 관계자의 설명이다.

당국은 공단 지역의 폐수 처리를 강화하고 생활 하수를 고도 처리하겠다는 대책을 내놓았다. 심지어는 시화호 안에 폭기조를 설치하여 인공적으로 공기를 주입하여 시화호의 수질을 개선하겠다고 발표하였다.

그러나 시화호의 수질은 날이 갈수록 더욱 악화되기만 하였다. 전문가들의 견해로는 시화호를 살릴 수 있는 현실적 대책은 없다는 것이었다.

결국 시화호는 조성된 지 1년 만에 인공 담수호의 꿈을 접어야 했다. 시화호의 바다 쪽 수문을 열어 통수(通水)시켰다. 원래 바닷물이었으니 원상대로 바닷물로 만든 것이다. 바다 쪽 수문을 열자 시화호의 수질은 금방 좋아졌다. 수문을 연지 3개월 만에 시화호의 수질은 원래대로 회복하였다.

"시화호 오염은 처음부터 예상되었습니다. 가당치도 않은 계획 때문에 국가 예산만 낭비했지요."

환경단체 관계자의 얘기를 우리 모두 기억해야 할 것이다. 과욕에 의한 제 2, 제 3의 시화호가 없기를 바랄 뿐이다.

기후변화협약

|

"21세기 국가 간의 최대 현안 과제 중의 하나가 기후변화협 약입니다. 먼저 대체 기술을 개발하느냐 못하느냐에 따라 수 천억 달러가 왔다갔다 할 수 있습니다. 이제 기후변화협약은 강 건너 불이 아닌 발등의 불입니다."

한국환경정책평가원 김광림 박사의 설명이다.

1992년 6월 브라질의 수도 리우데자네이루에서 세계 정상 들이 모여 기후변화협약을 채택하였다. 지구 온난화의 원인 이 되고 있는 온실 가스를 감축하자는 뜻이다.

온실 가스에 관한 한 정도의 차이는 있지만 어느 나라도 자유롭지 못하다. 특히 석유 최다 소비 국가인 미국의 경우 온실 가스의 규제는 자국의 산업에 큰 부담을 주기 때문에 처 음부터 반대하였다. 반면 일본은 섬나라이므로 지구 온난화 시 상대적으로 피해가 우려되므로 기후변화협약에 적극적이 었다.

우여곡절 끝에 마련된 기후변화협약은 미국의 소극적 대처로 후속 조치가 당초 예정보다 늦어졌다. 수년간 관계 전문가의 연구를 거쳐 기후변화협약에 대한 세부 규제 내용이 마련되었다. 바로 교토 의정서(Kyoto Protocol)이다.

"교토 의정서(Kyoto Protocol)는 1997년 일본에서 채택되었습니다. 기후변화협약과 관련한 온실 가스 규제의 세부 이행 내용을 담고 있습니다. 교토 의정서에 의한 규제 대상 가스는 이산화탄소·메탄·아산화질소·수소불화탄소 등 6개이며, 미국·일본 등 38개 주요 선진국을 1차 규제 대상 국가로 정하였습니다. 규제 내용은 1990년 배출량을 기준으로 2008년~2012년까지 평균 5.2% 감축하도록 하였습니다. 다행히 우리나라는 1차 규제 대상에서 제외되었습니다."

김 박사의 보충 설명이다.

"교토 의정서에 대한 세계 각국의 비준이 마무리 단계에 와 있습니다. 세계 에너지의 25%를 사용하는 미국이 탈퇴하였지만, 우리나라를 포함한 100여 개국이 이미 비준을 했고 2005년 2월 16일 발효했습니다."

우리나라는 OECD 가입국임에도 불구하고 1992년 기후변화협약 채택 당시 개도국으로 분류되어 있어 현재 강제 의무 대상 국가는 아니다. 그러나 교토 의정서가 발효되면 온실

가스 감축을 위한 경제적 부담이 큰 선진국들이 경쟁자로 떠오른 우리를 가만히 두지 않을 것이다.

특히 미국은 당사국 회의 때마다 매번 한국 · 멕시코 등 선발 개도국과 중국 · 인도 등 온실 가스 대량 배출국의 참여를 촉구하고 있다.

"온실 가스의 규제는 21세기 세계 경제의 흐름을 바꿀 수 있을 만큼 그 파장이 큽니다. 대체 에너지 분야의 기술이 수천억 달러에 달할 것입니다. 기술 개발을 서둘러야 해요. 21세기 환경동네의 숙제 중의 숙제입니다."

김 박사의 주장을 우리 모두 새겨들어야겠다.

새만금

"갯벌 보존을 위해 새만금 사업은 중단되어야 합니다."
"새만금 사업은 낙후된 지역 발전을 위해 반드시 계획대로 추진되어야 합니다."

새만금 사업을 둘러싸고 공사 중단을 요구하는 환경 단체측 주장과 전북 도민의 주장이 팽팽히 맞섰다.

새만금 사업은 전북 군산에서 부안군 앞바다까지 약 33km를 막아 8천6백만 평(여의도 면적의 100배)의 농토와 3천 5백만 평의 호수를 만드는 대규모 간척 사업이다.

1987년 노태우 전 대통령이 후보 시절 선거를 1주일 앞두고 공약으로 발표하였다. 그 뒤 사업이 지지부진하다가 김대중 대통령의 '국민의 정부'에서 '새만금 사업 공동 조사단'을 만들어 사업 전반에 대한 조사를 실시한 후 다시 사업을 강행하는 쪽으로 가닥을 잡았었다.

"농지 확보라는 새만금 사업의 당초 목표는 설득력이 없었습니다. 1980년대 1인당 연간 쌀 소비량이 132kg이던 것이 이제 90kg밖에 안됩니다. 식량 안보라는 무리한 설명은 우리나라의 쌀값이 국제 미가(米價)의 6배라는 측면을 감안하면 타당성이 없습니다."

환경단체 관계자의 설명이다.

"공단 조성도 그래요. 인근에 조성된 공단마저 미분양 사태가 속출하고 있는데 새로운 공단 조성은 경제성이 없습니다. 다만 낙후된 지역의 발전을 도모하고 건설 경기 활성화를 통해 지역 경제를 단기적으로 부추기는 효과는 있을 것입니다. 그러나 지역 발전은 다른 방법으로 해야 합니다. 세계적인 갯벌이 지역 개발의 볼모가 되어서는 안 됩니다."

찬성 논리도 만만치 않다.

"갯벌 보존에 대한 대책은 이미 강구되어 있습니다. 그리고 새롭게 결정한 것도 아니고, 공사가 거의 마무리 단계에 와 있는 시점에서 원론적인 문제를 제기하는 것은 이해할 수 없습니다."

노무현 대통령의 참여 정부가 들어서면서 새만금 사업이 다시 도마 위에 올랐다. 특히 문규현 신부와 수경 스님의 전북 부안에서 서울까지 300km가 넘는 고행의 삼보일배(三步一拜) 행사가 진행되면서 새만금 사업을 반대하는 종교단체, 환경단체의 반대의 목소리가 높았다. '지금이라도 새만금 사업은 중단되어야 한다'는 것이다. 반대로 전북 도민을 중심으로 공사의 조속 강행을 촉구하는 역(逆) 시위도 있었다.

'새만금 사업의 공사를 일시 중단하라.'

2003년 7월 15일 서울 행정법원의 판결 내용이다. 서울 행정법원의 판결 내용은 새만금 간척 사업이 경제적 이익을 내기 힘든데다 환경 파괴로 인한 손실이 엄청날 것이라는 지적에 의한 것이었다. 잠잠해지던 사건이 일파만파로 확대되면서 급기야 김영진 농림부 장관이 사퇴하고 전북 도민의 궐기가 연일 계속되었다.

"아웃 · 세이프로 논란이 많던 야구 경기가 겨우 수습되어 이제 9회 말 경기만 남겨두고 있는데, 관중석의 아웃·세이프 항의를 본부석에서 받아들여 경기를 중단시킨 꼴이지요. 아웃·세이프는 심판의 권한 사항이지 본부석의 경기 진행 요원의 권한 사항이 아닙니다. 경기 진행 자체에 하자가 있을 때만 본부석에서 관여하여 경기를 중단시킬 수 있겠지만, 아웃·세이프 등을 본부석에서 관여하는 것은 말이 안 됩니다."

환경부 출신 한 간부의 말은 일리가 있다고 생각된다. 정책 결정 과정에 법적 하자가 있다면 사법부에서 옳고 그름을 따져야겠지만, 수질 오염 여부의 정책 결정은 법원의 권한 밖의 문제이다.

공은 다시 정부에게로 넘어갔다.

황사

|

요즈음 황사*에 대한 시민들의 불만이 대단하다. 황사는 공

---

* 황사의 원인이 되는 중국의 사막화가 1960년대까지만 해도 매년 1천600㎢에 불과했으나, 최근에는 해마다 2천500㎢씩 사막화가 진행되고 있다.

기가 건조한 봄철에 중국 서북부 지역의 타클라마칸 사막, 고비 사막 등 몽골과 중앙 아시아에서 발생한 흙먼지이다. 이 황사는 편서풍에 실려 한반도와 일본까지 날아간다.

"황사가 날아오면 세상은 뿌옇게 흙먼지로 덮입니다. 노약자가 아니더라도 눈병과 호흡기질환에 걸리기가 쉽습니다. 또한 식물의 광합성 작용을 방해하여 식물의 성장에도 영향을 미칩니다. 황사는 반도체 산업과 같은 정밀 산업에도 불량품 발생률을 높이는 원인이 되기도 합니다."

환경부 관계자의 설명이다.

"황사에는 중금속이 묻어 있습니다. 몇 년 전 소의 구제역 파동 때 그 원인이 황사라는 지적도 있었습니다."

황사는 환경부 관계자의 지적처럼 이제 단순히 불편한 것을 넘어 두려움의 대상이 되고 있다.

우리의 역사 기록을 들춰 보면 황사 현상이 옛날에도 있었던 것으로 보인다.

"신라 아달왕 21년(174년)의 기록에 보면 우토(雨土)라는 표현이 있습니다. 백제 무왕 7년(606년)에는 흙비가 내렸다는 기록도 전해옵니다."

그러나 오늘날의 황사는 단순히 자연 현상으로 보기에는 사태가 심각할 뿐만 아니라 인위적인 요인이 개입되어 있다는 것이 문제이다. 최근 들어 중국, 몽골, 중앙 아시아 등지의 사막화는 더욱 심해지는 것으로 알려져 있다. 중국의 건조한 기후가 사막화 현상의 원인이지만, 임야의 무분별한 개발이 사태를 더욱 악화시키고 있다. 황사 문제 또한 우리가 해결해야 할 숙제 중의 숙제이다.

환경호르몬

40여 년 전 레이첼 카슨이 예측한 '침묵의 봄(Silent Spring)'이 현실로 다가오고 있다. 카슨은 DDT, 알드린, BHC 등 화학 물질의 과다 사용이 새들의 산란을 저해하고 숲 속의 곤충들을 전멸시켜 새 봄이 찾아와도 숲 속에서 새 소리를 들을 수 없을 것이라고 경고하였다.

최근 모유(母乳)에서 암을 유발하는 내분비계 장애 물질인 다이옥신이 검출되었다는 보도가 있었다. 그런가 하면 아기 장난감에서도 다이옥신이 검출되었다는 뉴스도 있었다. 환경호르몬은 진짜 호르몬을 밀치고 스스로 호르몬 행세를 함으로써 생식 작용을 교란시켜 암을 유발하는 등 온갖 못된 일들을 생체 내에서 일으킨다.

"환경호르몬은 1996년 미국의 생태학자 테오 콜본이 쓴 「도둑 맞은 미래(Our Stolen Future)」에서 일부 화학물질들이 내분비계의 장애를 일으킨다고 주장하면서 세상에 알려지기 시작하였습니다. 그 뒤 1997년 일본 NHK 방송에 출연한 어느 전문가가 '환경호르몬'이라고 이름을 지은 후부터 더욱 관심을 불러일으켰습니다. 환경호르몬은 내분비계를 교란시켜 남성의 정자 수를 감소시키기도 하고 암수의 성을 전환시키기도 합니다. 현재까지 알려진 환경호르몬으로는 DDT 농약, 다이옥신 등 150여 종의 화학물질들이 있습니다. 이제 환경호르몬은 21세기의 페스트라고 불릴 만큼 인류의 생존을 위협하고 있습니다."

김종민 박사의 설명이다.

지구촌에는 현재 10만여 종의 화학물질이 존재하고 있으며, 매년 1천여 종의 신규 화학물질이 제조되고 있다. 이들 화학 물질의 독성과 안전성에 대하여는 전문 기관에서 연구가 진행되고 있다.

값싸고 질 좋은 제품의 생산을 위해 새로 개발하는 신규 화학물질은 나름대로 경제적 가치와 효과가 있겠지만, 이들 신규 화학물질로 인한 2차 오염 내지는 피해도 적지 않은 실정이다.

"어떤 화학물질도 완전 무해한 것은 없습니다. 100% 안전성이 검증된 것은 없다고 해도 과언이 아닙니다."

잘 쓰면 보약이요, 못 쓰면 독약이라는 논리가 환경호르몬의 경우도 예외는 아닌 것 같다.

"환경호르몬은 오만한 인간에 대한 자연의 복수입니다. 뭐든지 개발할 수 있다는 인간들에게 내리는 마지막 경고입니다."

김 박사의 우려는 그만의 걱정이 아닐 것이다.

Part 2
환경동네
사람들

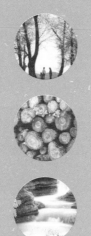

9장

환경
파수꾼

환경에서는 아는 것이 힘이 아니라

알고 행동으로 실천할 때 비로소 힘이 되는 것 같아요.

세 살 버릇 여든까지 간다고 하지 않습니까.

어릴 때부터 환경 실천이 몸에 배도록 해야겠어요.

낙동강 보전회 김상하 회장
|

"낙동강을 살려야 합니다. 낙동강이 4대 강 중 수질이 제일 나쁩니다. 물장구 치고, 고기 잡고, 멱 감던 옛날의 낙동강을 만들어야 합니다."

필자는 얼마 전 낙동강 보전회 김상하 회장을 만났다.

"낙동강 특별법도 만들어졌고 예산도 많이 반영되었습니다. 물론 법도 중요하고 예산도 필요하지만 무엇보다 우리들의 의식이 더욱 중요합니다. 자치단체들의 지역 이기주의가 문제입니다."

김 회장은 부산 출신으로 평생을 민간 환경운동에 몸담아왔다. 특히 낙동강 보전회를 만들어 낙동강 살리기에 헌신하였다. 몇 년 전부터 낙동강의 발원지 태백에서 하구언까지 걸어다니며 나무를 심었다. 나무를 심는 일에 드는 비용은 전부

김 회장의 주머니에서 나왔다.

　나무 심을 때 그는 아예 한 지역에 숙소를 정한다. 그리고 묘목을 자동차 트렁크에 싣고 500m, 1km 간격으로 심어 나간다. 누가 시킨 것도 아니다. 그는 낙동강이 좋아 낙동강을 찾고, 낙동강변을 따라 걸으면서 낙동강을 지키는 파수꾼이 되었다.

　"낙동강은 구조적으로 하천 관리에 어려움이 많습니다. 여름철에는 홍수 피해가 잦고 겨울철에는 물이 적어 문제입니다. 게다가 1960~1970년대의 과도한 공단 개발은 수질을 크게 악화시켰고, 급기야 페놀 사건까지 발생시켰습니다. 정부·자치단체의 노력도 중요하지만, 주민 모두가 낙동강 지키기에 앞장 서야 합니다."

　위천공단 문제로 대구 지역 주민과 부산, 경남 지역 간의 의견 대립이 생겼을 때 그는 앞장 서서 중재를 하였다. 부산 출신이지만 그는 부산, 경남 쪽의 편을 들지 않았다. 그는 늘 낙동강 편이다. 낙동강을 살리는 길이라면 그는 주저하지 않고 나선다. 환경부가 주관이 되어 만든 낙동강 특별법도 김상하 회장의 숨은 공이 컸다.

　"낙동강은 저를 낳아 주고 키워 준 영원한 어머니입니다. 옛날의 반의 반만큼이라도 원상을 회복하여 푸르고 깨끗한 물이 흐를 수 있다면 더 이상 바랄 것이 없습니다."

그는 오늘도 낙동강을 바라보면서 하루 일과를 시작한다.

주흘산 지킴이 문경환경녹색회

"주흘산●은 백두대간의 배꼽 부분에 해당됩니다. 역사적으로
는 영남의 관문이었고, 최근에는 「왕건」, 「제국의 아침」, 「무
인시대」의 촬영장 때문에 관광객이 몰려옵니다. 우리는
BOD, COD는 잘 모르지만 쓰레기를 함부로 버려서는 안 된
다는 사실과 우리의 명산인 주흘산이 훼손되어서는 안 된다
는 생각만은 확고합니다."

문경환경녹색회 안상휘 전 회장의 설명이다. 문경환경녹
색회는 1990년대 초 주흘산을 살리자는 목적으로 주흘산 인
근 지역 주민들이 중심이 되어 만든 모임으로, 월 1회 쓰레기
줍기 등 환경 정화 활동을 벌인다.

회원은 70여 명에 이르며 대부분 농업에 종사하고 있다.

● 주흘산(主屹山)은 소백산맥의 한 줄기로, 경북 문경에 위치한 산세가 아름다운 해발 고
도 1,106m의 역사적 산이다.

그래서 농사 일이 바쁜 4~5월과 10~11월 등 4개월은 모임이 아예 없다. 회원들의 나이는 대부분 50대에서 60대 후반이다.

"우리들은 우리 동네의 명산을 지키려고 모였습니다. 쓰레기도 줍고 스스로를 반성하기도 합니다."

정치적인 모임이 아니냐고 물었던 적이 있었다.

"우리는 정치는 모릅니다. 관심도 없고요."

문경환경녹색회는 주흘산 지킴이의 공로로 1999년 6월 5일 환경의 날 행사에서 국무총리 단체 표창을 받았다.

"관광객이 많이 오는 것은 좋은데 쓰레기를 함부로 버리는 것은 문제입니다. 도저히 가까이 갈 수 없는 바위 틈새에도 쓰레기가 버려져 있습니다. 버릴 때는 서서 버리지만 주울 때는 엎드려서 줍는다는 생각을 좀 해주었으면 좋겠어요. 이제 거창한 구호보다는 쓰레기를 함부로 버리지 않고 담배꽁초, 종이 한 장 줍는 작은 실천이 필요한 때입니다. 환경에서는 아는 것이 힘이 아니라 알고 행동으로 실천할 때 비로소 힘이 되는 것 같아요. 세 살 버릇 여든까지 간다고 하지 않습니까. 어릴 때부터 환경 실천이 몸에 배도록 해야겠어요."

문경환경녹색회 최기환 사무국장의 말은 우리 모두에게 해당되는 것 같다.

환경 시장 문희갑 전 대구시장

"대구가 달라졌어요. 저는 경제 시장이면서 환경 시장입니다. 시가지에 나무를 심었습니다. 푸른 대구를 건설하기 위해서지요."

1998년 5월 필자가 대구 지방환경청장으로 취임한 후 문희갑 대구시장에게 인사차 들렀더니 그는 환경 시장임을 강조하였다.

문 시장은 경제기획원 예산실장을 거친 자타가 공인하는 경제통이다. 그럼에도 환경 시장을 강조하기에 처음에는 필자가 환경부에 근무하니까 듣기 좋으라고 하는 말로 생각했다.

그런데 겪어 봤더니 진정 그는 실천하는 환경 시장이었다. 그는 시장 업무의 큰 축의 하나를 환경으로 삼았다. 인사(人事)에서도 가장 유능한 사람을 환경녹지국장에 임명하였다. 관행으로는 보통 환경녹지국장으로 임명되면 좌천되었다고 여긴다. 문 시장은 그 고정관념을 확 바꾸었다.

문 시장은 시가지 나무 심기와 함께 대구의 주요 하천인 금호강(錦湖江) 살리기, 신천(新川) 살리기 사업에 온갖 정성을 다하였다. 예산도 많이 투자하였다. 신천의 경우, 하천의 유지수가 없어 건천이 되다시피 하였다. 건천이 되다 보니 신천대로를 달릴 때도 사람들의 마음이 삭막했다. 그는 신천의 유지수 확보를 위해 신천 하수처리장의 방류수를 1일 10만 톤씩 상류 쪽으로 끌어올려 물이 흐르게 했다.

아황산가스, 먼지 등 대기 오염도를 낮추는데도 그는 노력했다. 문 시장이 취임하기 전까지만 해도 대구는 공기의 질(質)이 7대 도시 중 가장 나쁜 편에 속했다.

그는 주민들의 반대에도 불구하고 쓰레기의 안정적 처리를 위해 소각장도 건설하였다. 사실 정치인에게는 소각장을 건설하는 게 득표에 도움이 안 된다. 그러나 그는 옳다고 생각하는 일은 소신껏 행동으로 옮겼다.

그의 노력 때문인지 대구의 여름철 찜통 더위가 사라졌다. 분지지역이라 여름철만 되면 평균 기온이 37℃, 38℃를 오르내렸었다.

문 시장은 보통 광역시장들이 타는 큰 차를 타지 않는 것으로 잘 알려져 있다. 큰 차는 접대용으로 놔두고 정작 그는 1천 1,500cc 중형차를 타고 다녔다. 차 때문에 일어난 해프닝도 있다. 한 번은 어느 행사장에 시간이 되었는데도 시장이 나타나지 않아 행사 안내원들이 이곳저곳에 전화를 했다. 그런데 알고 보니 이미 시장은 행사장 안에 입장해 있었다. 당연히 큰 차를 타고 올 것으로 예상한 행사 안내원의 실수(?)

로 빚어진 일이다.

"환경은 한 번 훼손되면 원상 복원이 어렵거나 복원에 엄청난 돈이 듭니다. 미리 투자하는 것이 돈도 적게 들고 환경도 빨리 살릴 수 있는 길입니다."

문 시장의 선(先) 환경 투자론이다. 그는 퇴임했지만 그가 보여 준 환경 실천 운동은 대구 시민들의 가슴속에 남아 있을 것이다.

소형차 애호가 신영국 의원

"마티즈는 저의 애마(愛馬)입니다. 주차하기도 편합니다. 산자위(産資委) 소속으로 있을 때 경차 보급 문제를 집중적으로 따졌어요. 저부터 실천해야겠다고 생각해서 타게 되었는데, 막상 타 보니 편리한 점이 많습니다."

어느 신문사의 인터뷰에서 신영국 국회의원이 한 말이다. 3선 의원에 국회의 노른자위라는 건교위원장이 경차를 운전기사도 없이 직접 몰고 다니는 것이 화제가 될 수도 있지만, 비판적인 견해도 만만치 않다. '어느 정도 품위는 지켜야지' '쇼하는 것 아냐?' 하는 구설수가 그것이다.

신 의원은 필자와 같은 지역구에서 지구당 위원장과 부위원장의 관계로 지냈기 때문에 가까이에서 그를 지켜볼 수 있었다. 그는 정말 경차를 타고 버스를 탄다. 그것은 누구에게 보여 주기 위해서도 아니고 쇼를 하는 것은 더 더욱 아니다.

경차 때문에 수난(?)을 당한 적도 있었다. 2003년 5월의 일이다. 서암 스님 다비식이 경북 문경시 봉암사에서 있었다. 평소 서암 스님을 잘 아는 데다가 지역구의 행사이기 때문에 신 의원은 마티즈를 타고 참석했다. 그런데 절 입구에서 차량 통제를 하던 경찰관이 행사장 허가 차량이 아니라고 통제하였다.

"허가된 차량 외에는 안 됩니다."

옥신각신할 때 마침 지나가던 주민이 보았다.

"신 의원 아니십니까?"

그제서야 경찰관은 경례를 붙이고 행사장으로 안내했다.

신 의원이 건교위원장에 처음 취임했을 때 필자가 건교위원장 방에 들렀더니 축하 화환이 고작 4개인가 5개였다. 그것도 친구들에게서 온 것뿐이었다. 의아해서 보좌관에게 물었더니 신 의원이 전날 건교부 기획관리실장을 회관으로 불러 엄명을 내렸다고 한다.

"건교부와 건교부 산하 기관에서 화환이나 화분이 한 개라도 오면 실장 책임이니 알아서 하시오."

장남의 결혼식에도 마찬가지였다. 의원회관에서 치루어진 결혼식인데 가족과 가까운 친구뿐이었다.

물론 그의 사전에는 음식물 쓰레기도 없다. 신 의원과의 식사 장소를 물색할 때 첫 번째 고려하여야 할 사항이 값이 싸고 단촐한 식단이다. 신 의원이 건교위원장이 된 후 국회 상임위원회의 노른자위로 불리던 건교위원회의 인기가 떨어졌다는 얘기도 있다. 소위 말하는 로비는 신 의원에게 일체 통하지 않는데다 식사나 회식은 대중 식당을 이용하기 때문에 생긴 소문이다. 어쨌든 신 의원의 근검 절약은 그의 생활이다. 환경인이라는 필자도 그의 앞에서는 부끄러울 따름이다.

광명시 종신 청소부 전재희 의원

"환경 문제는 정부, 기업인, 국민 모두의 책임입니다. 하수 처리장을 짓고 소각장을 건설하는 것도 중요하지만, 물을 절약하고 전기를 아껴 쓰며 쓰레기를 함부로 안 버리는 작은 실천이 필요합니다."

전재희 의원은 환경노동위원회 소속이다. 그녀는 노동 전문가이지만 그에 못지않게 환경 문제에도 관심이 많고 해박한 실력을 갖추었다. 그녀는 초대 민선 광명시장을 거쳤기 때문에 환경 현장에 대한 경험도 풍부하다.

"음식물 쓰레기의 재활용 대책이 무엇입니까? 탁상 행정은 안 됩니다. 현장에서 당장 적용할 수 있는 현실 대책이어야 합니다."

국정 감사에서나 상임위원회에서 그녀는 매우 현실적인 문제를 가지고 장관과 공무원들에게 따진다. 이론과 현실을 다 아는 전 의원이기에 환경부 관리들은 그녀를 두려워 한다.

그녀는 광명시장 시절 아침 4시에 일어나 청소부들과 함께 하루도 거르지 않고 거리 청소를 했다.

"청소도 시장의 몫입니다. 당연히 할 일을 할 뿐이지요. 그리고 아침에 일찍 일어나 청소하니 건강에도 참 좋은 것 같습니다."

어느 기자의 질문에 그녀는 그렇게 답하였다. 하기사 폐기물 관리법 상으로도 시, 군, 구의 쓰레기 처리 책무는 시장, 군수, 구청장에게 있다. 어쨌든 전 의원은 광명시장 시절 단 하루도 거르지 않고 거리 청소를 하였다.

1993년으로 기억된다. 필자가 환경부 폐기물 시설과장으로 있을 때 광명시 쓰레기 소각장 건설과 관련한 공청회에 참석한 일이 있었다. 오전 10시에 시작된 공청회는 12시 무렵 끝이 났다. 공청회에 참석한 주제 발표자와 토론자들이 시장실에 들렀다. 티 타임을 보낸 후 시장이 점심을 사겠다고 하여 모두들 따라나섰다.

식사 장소는 시청에서 얼마 떨어지지 않은 곳이었다. 그런데 전 시장은 식당까지 가면서 뭔가 열심히 줍고 있었다. 가까이 가서 보니 담배꽁초, 휴지였다. 시장을 수행하던 수행비서와 청소 과장은 시장이 줍는 쓰레기를 받기에 급급했다. 식당에 도착해서야 전 시장은 토론자와 주제 발표자들에게 미안하다고 얘기했다.

국회의원이 된 지금도 그녀는 틈틈이 청소부(?) 노릇을 한다고 한다. 그녀는 광명시의 종신 청소부인가 보다.

10장

환경에
역행하는 사람들

환경동네를 더럽히는 사람들,

환경동네를 해롭게 하는 사람들,

그들은 대부분 돈 있고 힘 있는 사람들이다.

돈 있고 힘이 있기에 그만큼 피해도 크다.

정치인

|

'그린벨트를 합리적으로 조정하겠습니다.'
'새만금 사업을 적극 추진하겠습니다.'
'위천공단을 조성하겠습니다.'

대통령 선거, 국회의원 선거, 지방 선거 때면 오르내리는 정치권의 주요 공약 내용들이다.

되돌아보면 큰 환경 사건과 환경 파괴의 뒤편에는 정치권의 압력이나 정치권의 영향력이 작용한 경우가 많았다. 선거에 이기기 위해 무리하게 제시된 공약들이 문제이다. 환경단체와 뜻있는 환경인들이 반대했던 새만금 사업도 공약이라는 함수가 작용했고, 백지화가 된 동강댐 건설 사업도 공약에서 출발하였다. 크고 작은 그린벨트의 해제도 모두 공약과 무관하지 않다.

정치는 참으로 묘하다. 환경 전문가가 정치를 하여도 마찬가지이다. 지역 개발 사업에 혈안이 된다. 환경은 잠시 접어둔다. 필자의 경우도 만약 시장에 당선되었더라면 지역 발전에 더 신경을 기울였을 것이다.

속성 상 개발과 환경 중 개발이 절대 우성인 것 같다. 정치에서 환경은 포장일 뿐이다. 겉으로는, 공개적으로는 다들 환경을 부르짖는다. 환경이 중요하다고 말한다. 그러나 행동은 전혀 아니다. 반 환경이 아니면 그나마 다행이다.

왜일까? 정치는 표로 승부하기 때문일 것이다. 그러면 표는 누가 주는가. 물론 시민들이고 주민들이다. 결국 우리의 주인인 시민들이, 주민들이 아직은 환경을 외면하고 있다고 밖에 설명할 수가 없다.

독일의 경우 녹색당이 있다. 의석 수도 제법 된다. 그런데 녹색당의 정강 정책도 세밀하게 따져 보면 별 수 없다. 정책의 겉포장은 녹색이지만 정작 알맹이는 개발이다.

한때 현직 장관들이 새만금 사업 반대 행사장에 참석하여 화제가 되기도 하였다. 정치인들의 환경 인식을 나무랄 수만은 없다. 닭이 먼저냐, 계란이 먼저냐의 게임이다.

지방자치단체

|

"시장님, 환경 영향 평가를 받아야 합니다."

"영향 평가는 무슨 영향 평가야. 대충해 버려."

지방자치가 시작된 지 15년 가까이 됐다. 지방자치제도의 도입으로 지역의 발전은 눈에 띄게 달라졌다. 지방자치단체들은 경쟁적으로 개발 사업을 유치하였다. 길도 닦았다. 농로를 제외하고는 웬만한 시골까지 다 포장이 되었다. 2~3가구만 있는 동네에도 다리가 놓여졌다.

지방자치단체장들의 제일 큰 관심은 첫째도 개발이요, 둘째도 개발이요, 셋째도 개발이다. 환경은 통과의례에 불과하다. 그린벨트는 안중에 없고 백두대간도 관심이 없다. 환경 영향 평가도 대충대충 해버린다.

"환경 영향 평가 협의 조건을 이행하지 않은 자치단체가 많습니다. 공공기관이 더욱더 안 지킵니다."

환경부 관계자의 설명이다.

서울 인근에 있는 시·군의 웬만한 야산들은 모두 파헤쳐져 골프장으로 바뀌었다. 골프장 한 개면 웬만한 공장을 유치하는 것보다 지역 경제에 도움이 된다. 아무리 그래도 마구잡이로 골프장을 건설하는 것은 심각하게 고민할 문제이다.

IMF 때 공무원의 숫자를 줄이면서 환경 부서의 조직을 많이 감축했다. 서울시의 경우도 구조조정을 하면서 환경 조직을 대폭 축소했다. 만만한 게 환경인가? 아니면 환경 공무원이 봉인가? 서울시의 경우 늘어나는 환경 관련 업무로 볼 때 조직을 늘려도 시원찮을 텐데 참으로 한심스럽다.

"환경은 돈을 들여도 당장 가시적 효과가 없습니다. 당장 급한 것은 시민들의 경제 문제입니다. 다리를 놓고 공장을 유치하는 것은 현실이지만, 환경은 내일의 문제입니다."

어느 자치단체장의 얘기는 곱씹어 볼 대목이다.

상류층

어느 여론 조사 기관이 국민의 환경 의식을 조사하였더니, 환경 문제에 관심이 제일 적은 연령층은 청장년층이었다. 상대적으로 초등학생과 노인층이 환경에 관심이 많았다고 한다.

"환경 실천은 학력에 반비례하는 것 같아요."

한국소비생활연구원 김연화 박사의 설명이다.

쓰레기를 줄여야 하고 쓰레기를 함부로 버려서는 안 된다는 사실을 모르는 사람은 없다. 문제는 실천이다. 부자, 식자

층일수록 환경 실천에 더욱 비협조적이라는 지적이다. 돈이 많고 잘살수록 큰 차를 타고 물도 많이 쓰고 쓰레기도 많이 배출한다. 그만큼 환경을 많이 오염시킨다는 뜻이다. 3,000cc 짜리 승용차는 1,500cc짜리 승용차보다 대기 오염 배출량이 정확히 2배나 많다.

"수돗물의 소비량도 도시 지역이 농어촌의 2배 이상입니다. 같은 도시의 경우도 소득 수준이 높은 대도시가 중소도시보다 높습니다."

김 박사의 설명이다.

독일의 경제학자 슈마허(E. F. Schumacher)는 1973년 「작은 것이 아름답다(small is beautiful)」라는 논문을 발표하였다. 정말로 작은 것이 아름답고 환경에도 좋다.

국토 면적으로 보면 세계에서 100위도 안 되는 우리나라에 60평이 넘는 아파트, 6기통의 외제차, 호화 분묘들이 난무하고 있다. 작은 도시, 작은 공장, 작은 집, 작은 차가 큰 도시, 큰 공장, 큰 집, 큰 차보다 친환경적임은 두말할 필요도 없다. 너무 큰 것만을 좋아하는 오늘의 우리들이 후손들에게 무엇을 물려줄 수 있을지 곰곰이 생각해 보자.

악덕 기업주

|

1990년대의 일이다. 경남 지역의 한 폐기물 처리업체에 큰 불이 났다. 공장이 타고 폐기물 저장 창고까지 다 타 버렸다. 경찰에서 화재 원인을 조사하였지만 원인을 밝히지 못했다.

1년 뒤 그 폐기물 처리업체에 또 유사한 화재가 발생했다. 경찰에서 조사를 해보니 일부러 불을 낸 것이다.

폐기물을 처리하는 것보다 불을 질러 창고의 폐기물을 태우는 게 값이 싸기 때문에 저지른 악덕 범죄 행위였다. 알고 보니 그 업주는 외부로부터 돈을 받고 폐기물을 받은 뒤 적정 처리하지 않고 쌓아두었다가 상습적으로 불을 내는 것으로 밝혀졌다. 말하자면 폐기물 처리 전문업체가 아니라 화재 발생 전문업체이다. 정확히 말하자면 환경을 팔아먹는 악덕업자이다.

1980년대 중반 필자가 당시 환경청의 산업 폐기물* 담당 사무관으로 근무할 때의 일이다. 담당 직원과 함께 폐기물 처리업체에 대한 일제 점검을 하였다. 점검 후 불법 처리 업체

---

* 산업 폐기물은 공장에서 발생되는 폐기물을 말하며, 매년 발생량이 증가하고 있다.

들을 찾아내 무더기로 허가를 취소시켰다. 그랬더니 어떤 업체는 사무실로 찾아와 소란을 피웠다. '개××들 다 죽여 버린다' '털면 먼지 안 나나 보자' 등등.

필자와 함께 일하던 담당자는 협박에 시달려 병원에 입원하는 것도 부족해 이사를 가야 했다. 당시 산업 폐기물 업체들은, 허가는 받았지만 대부분 폐기물을 불법 처리하는데 앞장 섰다. 난지도는 산업 폐기물 불법 처리 센터였다.

1980년대 중반이었다. 필자가 수도권의 한 폐기물 처리업체를 방문하였다.

"산업 폐기물 처리 대장 좀 봅시다."

필자가 대장을 확인하였더니 일목요연하게 잘 정리가 되어 있었다. 언제, 어디서, 얼마의 폐기물을 수탁 받아 어떻게 처리하였는지 정확하게 기록되어 있었다. 서류상으로는 소숫점 이하 숫자까지 완벽했다. 아무래도 이상했다. 필자가 차량 운행 일지를 보자고 했다. 차량 운행 일지는 대부분 운전 기사가 직접 작성한다. 차량 운행 일지를 확인했더니 그들의 실체가 그대로 드러났다. 대장에 기록된 대부분의 폐기물들이 전혀 처리되지 않고 직접 난지도로 운송된 것이었다.

"운전기사가 잘 모르고 작성한 것입니다."

업주가 변명을 잔뜩 늘어놓았다. 그날 필자는 불법 처리에 대한 확인서를 징구하였지만 처리가 고민스러웠다. 당시 수도권 대부분의 폐기물 업체가 다 난지도에 버리는 게 현실이었는데, 운전기사의 실수(?)를 빌미로 처벌하는 것이 과연 타당한지를 고민했다. 처벌하면 운전기사는 분명 해고될 것이다. 고민 끝에 함께 점검 나간 직원들과 논의 후 모든 업체에게 경고 조치하는 선에서 매듭지었다.

'비밀 배출구'라는 게 있다. 산업 폐수를 적정 처리하지 않고 별도의 관을 매설하여 하수구로 방류하는 방법이다. 비밀 배출구를 설치, 운영하는 악덕업체들은 1980년대와 1990년대 초까지 많았다. 비밀 배출구의 경우 회사 내부의 제보가 없으면 확인하기가 쉽지 않다.

"비밀 배출구는 정말 악덕 범죄 행위입니다. 원폐수를 그냥 하수구로 내보내는 것 아닙니까."

지방 환경청 관계자의 얘기이다. 지금은 어떻게 그런 일이 있을 수 있겠느냐고 하겠지만 그런 때가 분명히 있었다.

어떤 업체들은 유해한 산업 폐수를 저장 탱크에 보관하고 있다가 장마 때 몰래 흘려보낸다. 장마 초기에 공단 하류 지역의 물고기가 집단 폐사하는 경우는, 대부분 악덕업주들의 폐수 무단 방류 때문에 일어나는 사고이다.

11장

역대 대통령들

박정희 대통령은 그린벨트를 정착시켰다.

전두환 대통령은 김포 매립지를 만들었다.

노태우 대통령은 환경청을 장관급으로 격상시켰다.

YS는 환경 대통령이 되겠다고 선언하였다.

DJ는 해박한 환경 지식을 바탕으로 환경 비서관을 신설하였다.

박정희 대통령

|

10·26 사태 이후 박정희 대통령 집무실에서 두 권의 책이 발견되었다고 한다. 수도권 이전에 대한 전문기관의 연구 보고서였다. 늘 공부하고 연구하는 모습을 읽을 수 있는 대목이다. 박 대통령은 국토개발계획에 관한 한 집권 초기부터 직접 챙긴 것으로 잘 알려져 있다. 주요 사안에 대하여는 중앙부처의 실무 과장을 직접 면담하여 실무진의 의견을 듣고 직접 메모지에 적어 지시하였다고 한다. 구미·포항·여천 등 주요 공단 부지의 입지 결정에서부터 대전 과학 단지의 조성에 이르기까지, 국토의 종합개발계획은 대통령이 직접 챙기고 확인한 것으로 알려져 있다.

 포철의 입지를 결정할 때의 일이다. 박 대통령은 당시 경제기획원의 담당 과장을 청와대로 불렀다. 포철 입지 타당성 조사 보고서에 의하면 후보지는 포항을 포함하여 세 곳이었다. 박 대통령은 보고서를 사전에 검토한 후 나름대로의 분석을 마친 상태였다.

"임자, 이번에 건설하는 제철(製鐵)의 입지를 어디로 해야 할까?"

"각하! 포항입니다. 포항은 우리의 주 거래선인 일본과 가까울 뿐만 아니라 수심이 깊고 해류의 흐름이 적어 대형 선박이 쉽게 드나들 수 있으며, 울산·온산·부산·마산 등 인근 연관 산업단지와 거리도 가까워 적지입니다."

"임자 생각도 나와 같구먼. 다음주 무역진흥확대회의가 있는데 거기에서 내가 질문할 테니 그렇게 대답하라구."

그 다음주 관계 장관과 상공인 대표들이 참석한 무역진흥확대회의에서 박 대통령은 포철의 입지를 어디로 했으면 좋겠느냐고 물었다. 좌중은 조용했다. 대통령의 의중을 모르는 관계 장관들로서는 가만히 있을 수밖에 없었다. 잠시 침묵이 흐른 뒤 박 대통령은 회의장 끝 편을 바라보면서 질문을 했다.

"기획원의 H과장 참석했나?"

"예."

끝자리에 실무과장 자격으로 참석하여 회의록을 작성하고

있던 H과장이 대답했다.

"H과장 생각은 어때?"

각본(?)대로 H과장은 포항이 되어야 하는 이유를 논리정
연하게 설명했다. 설명이 끝나자 박 대통령은 "포항이 좋겠구
먼, 포항으로 합시다."라고 선언했다.

포철의 포항 입지는 이렇게 결정되었다.

대전 과학단지의 경우 당시 최형섭 과기처 장관과 함께 헬
리콥터를 타고 후보지를 직접 실사했다는 후문이다.

결과를 놓고 보면 박 대통령은 국토 환경에 대한 탁월한
안목을 가졌다. 개발 초기부터 공장들을 업종별로 구분하여
공업단지로 묶어 개발토록 한 공단 조성 계획도 공해 문제 해
결에 결정적 역할을 하였다. 공장들이 전국에 흩어져 있다고
가정해 보면 공단 조성의 의미를 알 수 있다. 비료 · 화학 중
심의 여천 공단이 그러했고, 중화학 공업의 울산 · 온산 공단
이 그러하다. 수도권 지역의 중소기업형 공장들은 시화 · 반
월을 중심으로 배치했다.

박 대통령에게 빼놓을 수 없는 환경 실적은 산림 녹화이
다. 한국전쟁 이후 황폐하고 벌거벗은 산지를 보전하기 위해
산림 녹화를 강력히 추진하였다. 덕분에 주요 산들이 얼마 가
지 않아 울창해졌다.

그린벨트(Green Belt) 제도의 시행은 박 대통령의 환경 문제에 관한 최대 업적 중의 하나이다. 1960년대 후반 무분별한 개발과 인구 집중이 심화되고 있었다. 영국의 그린벨트에 대해서 당시 건설부 관계자의 보고를 받은 박 대통령은, 직접 메모지를 전달하며 그린벨트 제도의 도입을 지시하였다고 한다.

1971년 당시 정치권의 수많은 반대에도 불구하고 그린벨트를 도입하였다. 당시 전 국토의 6%에 달하는 6천여 km²를 개발 제한 구역으로 묶었다. 개발 제한 구역의 지정으로 재산상의 피해를 본 인구가 160만 명에 달했다. 그러니 표를 의식한 정치권의 엄청난 반대는 불가피했다. 당시 여당 의원조차도 반대를 했다. 그러나 그린벨트에 대한 박 대통령의 의지는 확고했다.

그린벨트는 1950년 영국, 1960년대 일본에서 시작되었으나 모두 실패했다. 정치권의 이해 관계 때문이다. 우리나라의 경우도 많은 어려움이 있었지만, 그래도 그린벨트 때문에 서울 전 지역을 포함한 국토의 난개발을 그나마 최소화할 수 있었다.

그린벨트는 오염된 도시 공기를 깨끗이 정화해 주는 자연 정화 시설이다. 만약 인공 정화 시설로 현재의 그린벨트와 같은 역할을 하려면 수조 원이 소요될 것이다.

박 대통령은 업무를 늘 구체적으로 지시하였다. 1973년 7월 3일 경주 불국사 복원 준공식에 참석차 경주를 다녀오면서 관계관에게 지시했다.

"불국사 변소 뒤편에 벚꽃나무를 심도록 하시오."

근검 절약을 모토로 한 새마을운동도 오늘날 우리가 추진하는 환경운동의 정신과 크게 다를 바 없다. 박 대통령이 새마을운동을 처음 지시한 것은 1972년 경북 도청을 초도 순시하던 때였다.

"우리 농촌이 근대화하느냐 못 하느냐는 농민 스스로의 정신 자세에 달려 있습니다. 나는 농민들의 자조 정신, 자립 정신, 협동 정신이야말로 농촌 근대화의 추진력이라고 보고 이 정신을 '새마을정신'이라 하겠습니다."

박 대통령은 스스로 늘 근검, 절약을 실천에 옮겼다. 10·26 사태 직후 박 대통령 집무실 옆 화장실 변기 안에서 큰 벽돌이 발견된 것은 잘 알려진 사실이다. 물을 절약하기 위해 변기 속에 벽돌을 넣은 것이다.

〈박 대통령은 경제 개발 못지않게 국토의 균형 발전에 심혈을 기울였던 것 같다. 그는 '잘살아 보자', '하면 된다'와 같은 쉬운 말로 국민들의 참여를 이끌어냈다.〉

어느 월간지에 실린 내용이다.

전두환 대통령

|

"환경은 한번 훼손하면 원상 복구가 어려울 뿐만 아니라 원상으로 복원하는 데도 엄청난 예산이 듭니다. 지난 20년간 우리는 공장을 짓고 경제를 살리는데 혼신의 노력을 기울였습니다. 경제 못지않게 환경도 중요합니다. 환경을 지키고 보전하는 일에 관계 부처가 적극 협조하기 바랍니다."

1981년 2월 환경청의 청와대 업무 보고 때 전 대통령의 말이었다.

전 대통령의 환경 분야 업적 중 대표적인 것은 뭐니뭐니 해도 김포 매립지의 확보이다. 대통령이 매립지 한 곳을 확보한 게 뭐 그리 대수로운 일이냐고 할지 모른다. 그러나 그렇지 않다. 매립지는 공장의 운영을 위해서 뿐만 아니라 가정생활에서도 없어서는 안 되는 필수 시설이다. 그런데 대규모 매립지를 확보하기가 여간 어려운 게 아니다.

"수도권 지역에서 하루에 2만 톤 이상의 쓰레기가 공장과 가정에서 나옵니다. 말이 2만 톤이지 5톤 트럭에 싣는다면 4천 대 분입니다. 이들 쓰레기는 거의 대부분 매립 처리해야 하는데, 수도권 지역에는 매립할 땅이 없었습니다."

당시 환경부에 근무했던 J씨의 설명이다.

만약 김포 매립지를 확보하지 못했으면 지금 어떻게 되었을까? 난지도를 계속 사용하였거나 아니면 여기저기 쓰레기를 버렸을지도 모른다. 한마디로 상상이 안 된다. 하루 4천 대의 쓰레기를 하루 이틀도 아니고 어떻게 계속 버릴 수 있겠는가?

김포 매립지는 합리적으로는 풀 수 없었던 문제였다. 동아건설이 매립하고 소유하고 있던 땅을 시세도 아닌 공시지가 수준으로 매입할 수 있었던 것은 전 대통령의 결단력이 있었기 때문이라 생각한다.

"전 대통령은 평소에도 환경 문제에 각별한 관심이 있었던 것 같습니다. 환경청을 발족한 것도 국보위 시절이었으며 1986년 환경청의 손발인 지방 환경청을 만든 것도 전 대통령이었습니다."

전 대통령은 물 문제에도 각별한 애정과 관심을 쏟았다.

"한강 개발 사업 등 하천 정화 사업도 전 대통령 때 이루어졌습니다. 덕분에 죽음의 하천인 서울의 중랑천과 대구의 금호강, 팔당호, 대청호의 수질이 현저하게 개선되었습니다. 그전까지만 해도 중랑천은 냄새가 나고 고기가 살 수 없는 죽은 강이었어요. 대구의 금호강도 마찬가지입니다. 팔달교 근처에만 가도 악취가 나는 썩은 강이었습니다. 팔당호, 대청호

의 수질도 많이 개선되었습니다. 모두가 전 대통령 때 이루어
진 결과입니다."

환경부 관계자의 설명이다.

"환경 부문의 예산이 대폭적으로 증액된 것도 전 대통령
시절이었습니다. 덕분에 지방자치단체의 환경 기초 시설인
하수 처리장, 쓰레기 소각장, 매립장 등의 예산 지원의 틀이
대부분 전 대통령 때 마련되었습니다."

J씨의 설명이다. 전 대통령은 환경 문제에 관한 한 필요성
만 인정되면 주저하지 않고 적극 지원해 주었다. 환경 불도저
대통령이라고 이름 붙여도 좋을 듯하다.

노태우 대통령

|

"페놀 사건 같은 환경 사고가 다시 일어나서는 안 되겠어요.
장관이 중심이 되어 페놀 사건 후속 조치를 강구하고, 더 이
상 환경 사고가 일어나지 않도록 필요한 조치를 강구하세요."

1991년 4월 노태우 대통령은 페놀 사건 때문에 물러난 허
남훈 장관의 후임인 권이혁 장관에게 지시하였다.

노태우 대통령 시절은 환경 사고가 유난히도 많이 발생했

다. 1989년 수돗물에서 중금속이 검출되어 온통 난리법석을 떨었고, 이듬해에는 수돗물에서 발암성 물질인 트리할로메틸(THM)이 검출되었다. 그리고 1991년에는 낙동강 유역의 페놀 유출 사고가 발생하였다. 3년 연속으로 수돗물 파동을 겪은 셈이다.

노태우 대통령의 환경 부문 역할 중에 빼놓을 수 없는 것은 차관급의 환경청을 장관급인 환경처로 격상시킨 것이다. 환경은 사고가 나야 발전한다는 말이 있다. 연이은 환경 사고 덕분(?)에 환경청이 장관급인 환경처로 승격된 것이다.

환경처가 되면서 환경장관이 국무회의에 참석하여 국정을 논의할 수 있게 되었다. 그동안은 환경청이 보건사회부의 외청이었으므로 보건사회부 장관을 통하여 간접적으로 국정에 참여해야 했었다. 노 대통령은 초대 환경처 장관에 조경식 당시 해운항만청장을 임명했다. 조 장관은 노 대통령의 경북고 후배로 개인적 친분이 매우 두터웠다고 한다.

노 대통령 시절 민주화 바람과 노동운동이 거세지면서 민간 환경운동도 더욱 활발해졌다. 최열 총장이 주도한 공해추방연합(공추련)이 환경운동연합으로 확대 개편되었고, 장원 총장이 주도한 녹색연합이 전국 조직으로 자리매김하였다. 경실련도 환경운동에 동참하기 시작하였으며, 소비자단체도 환경운동을 전개하기 시작하였다. 환경 마크 제도(Eco-mark)도 노 대통령 때 도입되었다. 더욱이 1992년 브라질 리우 회의를 전후하여 환경운동은 새로운 국민 운동으로 승화, 발전되었고 친 환경, 환경 친화적이라는 새로운 패러다임이 각계각층으로 퍼져 나갔다.

"노 대통령 때 국내외적으로 환경 민주화가 일어났어요. 또한 국가 환경 행정의 기본틀을 마련했습니다."

한국환경정책평가원 관계자의 설명이다.

어쨌든 노 대통령은 정부의 환경 조직을 장관급으로 격상시키고 민간 환경운동을 꽃피도록 하였다.

"노 대통령 때 헌법에 환경권을 명시하였습니다. 그리고 환경 정책 기본법을 중심으로 환경법령을 체계화하였습니다. 하수 처리장, 소각장 등 환경 기초 시설도 많이 건설했습니다."

노 대통령은 조용하게 야단스럽지 않게 환경동네를 가꾸었다고 환경부 S국장은 평가한다.

김영삼 대통령

|

"이제 경제 문제는 어느 정도 해결되었습니다. 경제는 지금처럼 하시고 환경 문제를 해결하셔야 됩니다. 환경 대통령이 되실 것을 국민 앞에 밝히시고, 심각해진 환경 문제를 해결해 주십시오. 그러시면 환경 대통령으로 역사에 남을 것입니다."

1994년 5월, 6월 5일 환경의 날 행사를 앞두고 청와대에 들를 당시 정종택 환경부 장관은 이렇게 건의했다.

정 장관의 건의를 받아들인 YS는 그해 환경의 날 치사에서 환경 대통령이 될 것을 밝혔다. 환경 대통령이 되겠다고 밝힌 것은 국내는 물론, 다른 나라에서도 유례를 찾기 어려운 일이다.

"YS는 후보 시절부터 환경 문제에 깊은 관심을 가졌어요. 환경 대통령이 되겠다고 선언한 게 결코 우연은 아니었던 것 같아요."

한나라당 K의원의 설명이다.

쓰레기 종량제*를 세계 최초로 시행한 것도 YS 때의 일이

---

* 쓰레기 종량제는 1995년 1월 1일부터 전국적으로 시행되었는데, 쓰레기를 줄이고 재활용 비율을 높이는데 크게 기여하였다.

다. 쓰레기 종량제는 정말 성공한 환경 정책이다.

1996년으로 기억된다. 필자가 OECD 환경정책위원회에서 우리나라의 쓰레기 종량제를 소개하자 여러 국가로부터 칭찬이 대단했다. 사실 쓰레기 종량제가 처음 시행되었을 때 여러 가지 문제점이 많았다. 그때 청와대에서 직접 진두 지휘를 하지 않았다면 그렇게까지 성공할 수 없었을지도 모른다. 당시 쓰레기 종량제는 대통령이 직접 챙기고 또 확인했다고 들었다.

YS는 쓰레기 문제의 처리에 대해서도 남다른 관심을 가졌다. 쓰레기 종량제에 대한 언론의 보도가 이어지자 그해 5월 김포 쓰레기 매립장을 직접 방문하여 쓰레기 처리 현장을 대통령이 직접 챙겼다. 아마 우리나라 역대 대통령 중 쓰레기 매립장을 방문한 최초의 대통령일 것이다.

YS는 물 문제에도 남다른 관심을 보였다. YS의 정치적 고향인 부산이 늘 물 문제로 어려움을 겪었기에 더욱 수질 개선에 관심을 보였는지도 모른다. YS는 4대 강을 중심으로 환경 관리청을 신설하였다. 서울을 중심으로 한강 환경관리청, 대전 지역을 중심으로 금강 환경관리청, 광주권을 중심으로 영산강 환경관리청, 부산을 중심으로 낙동강 환경관리청을 만들었다. 신설이라기보다는 기존의 지방환경청을 확대 개편한 것이다. 그리고 효율적 물 관리를 위하여 건설교통부의 상하수도 업무와 보건복지부의 음용수 관리 업무를 환경부로 일원화하였다.

시판 여부를 두고 논란이 많았던 생수 시판을 공식적으로 허용한 것도 YS 때이다. 그전에는 외국인용만 허용하고 국내 시판은 불허했다. 수돗물과의 형평성 문제 때문이었다.

환경처를 환경부로 격상시킨 것도 YS이다. 환경 업무의 효율성과 집행 기능을 강화하기 위한 조치였다. 아울러 환경부의 정부 조직법상의 서열도 많이 앞당겼다.

YS는 환경 문제에 관한 한 관심도 많았고, 나름대로의 실적도 평가받을 만하다.

김대중 대통령

"환경 업무는 대단히 중요합니다. 환경 업무를 잘하기 위해서는 첨단 환경 기술 개발이 선결 과제입니다. 환경 기술에 대한 중장기 개발 계획에 대해 담당 국장이 얘기해 보시오."

1998년 3월 DJ가 대통령으로 취임한 후 과천 청사를 방문하여 환경부의 업무를 보고 받은 후 질문한 내용 중의 하나이다.

　DJ는 환경 문제에 대해 전문가를 뺨칠 만큼 해박한 식견을 갖추었다. 1년에 한 번씩 치르는 연두 업무 보고 시 환경부 관리들을 긴장하게 하는 대목이었다. 업무 보고 시 대통령의 질문 내용을 미리 파악하고 준비하여 답변하는 것이 보통의 관례이다. 그러나 DJ는 질문 내용을 사전에 알려 주지 않을 뿐만 아니라 답변 내용이 미진하면 추가 질문을 하기 때문에 공무원들은 매우 당혹스러웠다.

　DJ는 환경 업무의 강화를 위해 집권 후 곧바로 청와대에 환경 비서관을 신설하였다. 그간 환경부 공무원은 물론 환경단체에서 무수히 건의했지만 받아들여지지 않았는데, DJ는 이를 수용하였다. 그리고 환경 업무를 꼼꼼히 챙겼다. 환경의 날, 물의 날 등 환경인들의 모임에도 직접 자리를 같이 하곤 했다.

　"환경은 오늘을 사는 우리뿐만 아니라 우리 후손들이 살아야 할 생명의 터전입니다. 환경 문제는 더 미룰 수도 없고 타협할 수도 없습니다."

　DJ가 2000년 물의 날 행사에서 밝힌 내용이다.

　동강댐 건설 문제로 개발 부처와 환경 부서가 첨예하게 대립했을 때 DJ는 과감히 동강댐 백지화를 선언하였다.

　4대 강 물 문제의 해결을 위하여 한강, 낙동강, 영산강, 금강 수질 관리 특별법을 주민 합의를 거쳐 성사시켰다. 도심 지역의 대기질을 개선하기 위하여 경유 버스를 천연 가스 버스로 교체하는 기틀을 마련했다. 매연을 뿜어대던 대형 버스들이 하나, 둘 사라지는 계기를 마련한 것이다.

환경 벤처 기업의 육성과 환경 기술 개발에도 큰 관심을 보였다. 덕분에 DJ 정부 때 환경 신기술을 바탕으로 많은 전문업체가 양산되었다.

"음식물 쓰레기*가 연간 15조 원이나 된다지요. 음식물 쓰레기는 아까운 자원이므로, 퇴비화 · 사료화 등 재활용 대책을 강구해야 할 것입니다."

2001년 환경부의 청와대 업무 보고 시 DJ가 지시한 내용이다.

DJ는 김명자라는 새로운 환경 스타를 탄생시키면서 환경 문제를 하나씩 풀어 나갔다. DJ는 환경 월드컵 개최와 환경 외교에도 공을 들였다. 한마디로 DJ는 친 환경 대통령으로 부를 수 있을 것 같다.

---

* 음식물 쓰레기는 전체 쓰레기의 20~30%를 차지한다. 음식물 쓰레기로 인하여 낭비되는 자원을 가격으로 환산하면 연간 15조 원이다(환경부 분석 자료).

12장

환경
기업인들

환경은 그림은 좋은데 장사는 별로이다.

그만큼 사업이 어렵다는 뜻이다.

규모도 영세한데다가 님비(NIMBY)현상까지 겹쳐

더욱더 경영을 어렵게 한다.

그래도 불굴의 투지로

환경 산업을 반석 위에 올려놓은 선구자들이 있다.

한국 코트렐 이달우 회장

|

"신 과장, 나 이달우입니다. 대만 전력의 공사를 수주했습니다."

1992년의 일이다. 필자가 환경부 기술개발과장으로 있을 때 당시 한국환경방지시설협회장인 이 회장이 전화를 주었다. 그리고 공사 수주 과정의 아슬아슬했던 뒷얘기를 들려주었다. 우리의 환경 기술로 외국의 환경 정화 시설 설비를 수주한 첫 케이스였다.

그것도 우리나라의 한국전력에 맞먹는 대만 국영 기업체인 대만전력의 공사를 대한민국의 중소기업이 당당히 따낸 것이다.

한국 코트렐이라면 일반인에게 그렇게 잘 알려져 있지 않은 회사이다. 그러나 환경 설비업체로서 오랜 전통을 가진 탄

탄한 중견업체이다. 특히 전기 집진기 분야에서는 여러 개의 특허까지 보유하고 있으며, 국내의 크고 작은 대기 오염 정화 시설을 설치했다.

이 회장은 청주 출신으로 서울공대 전기과를 졸업하고 한전에 근무하다가 미국 코트렐사와 인연이 되어 한국 코트렐을 설립한 대표적인 기술자요, 환경인이다. 그는 환경 설비업체들의 모임인 한국환경방지시설협회장을 오랫동안 맡아 오며 국내 환경 기술과 산업 발전에 많은 기여를 했다.

"국내 환경 산업과 환경 기술 수준은 많이 낙후된 편입니다. 그나마 오늘의 기술 수준을 견지할 수 있었던 것은 이달우 회장의 공이 큽니다. 그는 한국 환경 산업의 개척자요, 아버지입니다."

국립환경연구원 관계자의 말이다.

이 회장은 매사에 빈틈없는 경영인으로 소문나 있다. 이 회장은 매우 검소하고 알뜰한 경영인으로도 유명하다. 한 번은 한국환경방지시설협회가 주관하는 세미나가 끝난 뒤 이 회장이 주제 발표자와 토론자를 만찬에 초청하였다. 협회장이 초청하는 자리라 잔뜩 기대(?)를 하고 만찬장에 갔다. 한식집으로 기억된다. 이 회장은 음식 쓰레기를 남기면 안 된다고 단출한 식사를 주문했다. 지금 기억하기로는 1인당 1~2

만원 정도였던 것 같다. 술은 당연히 소주였다. 이 회장과 여러 번 회식 자리를 가졌지만 늘 술은 소주였다.

"소주가 뒤끝이 깨끗하고 좋아요."

이 회장은 회사 경영은 물론 접대까지도 검소하고 친 환경적이다. 그는 늘 새로운 환경 기술 개발에 관심이 많다. 그리고 늘 공부하고 연구하는 기업인이다. 한국이 내세울 수 있는 자랑스런 환경 기업인이다. 그는 국내보다 대만과 중국에서 더 알아주고 있는 유명 인사이다.

유봉산업 송태헌 전 회장

"신 박사, 폐기물 사업이라는 게 할수록 어렵고 힘들어요. 어느 정도 되면 대학을 꼭 하나 설립할까 해요. 환경학과도 만들 테니 그때 교수로 와요."

1980년대 후반 필자가 환경부의 전신인 환경청에서 사무관으로 있을 때의 얘기이다. 송태헌 회장은 대구 출신으로, 사업 중 가장 힘들고 어렵다는 폐기물 처리 사업에 뛰어들었다. 그때가 환경청이 생긴 지 얼마 안 된 1980년대 초이다.

송 회장이 폐기물 매립 사업을 본격적으로 시작한 것은

1980년대 후반이다. 송 회장은 유봉산업을 설립하여 포항공단에서 나오는 폐기물을 처리했다.

당시 폐기물 처리는 국가나 자치단체조차 제대로 설비를 갖추지 못했을 때였다. 당시만 해도 거의 모든 업체들이 폐기물을 제대로 처리하지 못했다. 수도권에서는 야간에 난지도로 몰래 반입하여 불법으로 처리하였다. 그래서 제대로 처리하는 사람만 손해를 보았다.

그러나 상황은 바뀌었다. 1992년 서울의 난지도가 폐쇄되면서부터 수도권 지역의 산업 폐기물들이 갈 곳이 없었다. 새로 생긴 김포 매립장에는 산업 폐기물 반입이 일체 허용되지 않았기 때문이다. 당시 민간 매립장은 전국적으로 2~3개에 불과했다.

유봉산업은 호기를 맞이했다. 포항 · 울산 · 구미는 물론이고, 서울의 폐기물이 유봉산업으로 몰려왔다. 폐기물 처리비도 부르는 것이 값이었다. 그것도 사정사정 해야 했다.

"폐기물 사업은 기술적으로 쉽지 않은 사업입니다. 님비 때문에 민원을 해결해야 되고, 처리 기준이 까다로워 감독 기관의 눈치도 봐야 됩니다. 그러나 남의 공장 쓰레기를 처리해 준다는 나름대로의 보람도 있어요."

송 회장은 폐기물 사업에 대하여 큰 자부심과 긍지를 갖고 있다. 또한 폐기물 사업으로 돈을 번 몇 안 되는 사람 중의 하나이다. 그가 폐기물 사업에서 성공할 수 있었던 것은 무엇보다 신의에 바탕을 둔 인간 관계 때문이다.

"외모는 시골아저씨 같지만 한번 그를 만나서 얘기하고 인연을 맺은 분은 하나같이 그를 좋아합니다."

환경부 차승환 국장의 얘기이다.

그는 사업에 성공하자 본인의 포부대로 대학 설립에 나섰다. 바로 한동대학이다. 모집 첫 해부터 수능시험 고득점자가 몰려들어 화제가 되었던 그 대학이다.

그는 한동대학의 설립자이자 초대 이사장이었지만, 학사 운영에는 일체 관여하지 않았다. 한 가지 반영한 것이 있다면 환경 관련 학과를 포함시킨 정도이다. 환경 사업으로 돈을 벌어 대학을 설립하였으므로 환경 학도를 양성해야 한다는 것이 그의 주장이다.

그는 투철한 신앙 생활을 하며 술, 담배도 못한다. 매사를 원칙에 충실하고 남에게 신세지기를 싫어한다. 한동대학의 학사 운영과 관련하여 학교 측과 재단 측의 이해가 맞지 않자, 그는 학교의 모든 업무를 학교 측에 넘기고 한동대학에서 손을 뗐다. 학교를 설립한 것으로 충분하며, 누가 운영하든 한동대학이 잘되는 것이 그의 희망이요 바람이라고 했다.

송 회장은 아직도 폐기물 사업에 대해 많은 애정과 관심을 갖고 있다. 송 회장이 걸어온 지난 20년은 우리나라 환경의 역사와도 같다.

유한킴벌리 문국현 전 사장

"사장님, 환경부 장관 후보로 신문에 났던데요."
"저는 기업을 해야지요."

노무현 대통령의 참여정부 초대 환경부 장관의 유력 후보로 유한킴벌리 문국현 사장의 이름이 언론에 오르내렸다.

문 사장은 소위 중동 마피아의 한 사람이다. 중동 마피아란 중동고등학교 출신으로 환경 분야에 종사하는 사람들을 말하는데, 환경부나 대학, 업계에는 유난히 중동고등학교 출신이 많다.

문 사장은 유한킴벌리의 창업자인 유일한 박사의 유지를 받들어 처음부터 기업 환경 운동에 적극 동참하였다. 문 사장은 나무 심기 운동에 앞장 섰다.

"문 사장은 민간인 산림청장입니다. 그는 지금까지 수만 그루의 나무를 심었어요. 나무를 심기만 한 게 아니라 심은 나무를 철저하게 관리까지 하고 있습니다."

환경부 관계자의 설명이다.

아울러 그는 최첨단 환경 설비를 통하여 폐수를 완벽하게 처리하였다. 문 사장의 폐수 처리 목표는 폐수 무방류(zero discharge)이다. 그는 환경 기술 개발에도 많은 투자를 해왔다. 그가 이끄는 유한킴벌리는 환경마크(eco mark)*도 획득했고, 국제표준인증기구(ISO)**로부터 국제 표준 자격도 취득하였다. 유한킴벌리 공장들은 거의 대부분 환경부로부터 환경 친화 기업 지정을 받았다. 모두가 문 사장의 투철한 기업 환경 정신에 바탕을 두고 있다.

"공장장의 첫째 임무는 완벽한 환경 관리입니다. 공장장이 생산 목표에 미달한 것은 용서가 되지만, 환경 관리를 잘못하여 관계 기관으로부터 벌금이나 과태료를 받으면 용서가 안 됩니다."

임영화 김천 공장장의 설명이다. 벌금이나 과태료의 액수가 문제가 아니라, 유한킴벌리라는 기업 이미지 손상은 있을

---

* 환경마크(eco-mark)는 저공해 상품에 부여한다.
** 국제표준인증기구(ISO, International Standard Organization)는 품질과 환경 분야의 공식 심사 기관이다.

수 없다는 것이다.

"돈은 내년에 벌면 되지만 환경 문제는 당장 지역민들에게 피해를 줍니다. 그것은 돈만의 문제가 아니지요."

문 사장은 스스로 NGO라 할 만큼 민간 환경운동에도 헌신적으로 활동하고 지원하고 있다. 영원한 환경 일류 기업 유한킴벌리와 함께 문 사장은 오늘도 한 그루의 나무를 심으며 환경동네의 미래를 걱정한다.

비산염색공단 함정웅 이사장
|

"비산염색공단이 달라졌습니다. 이제 더 이상 금호강 오염의 주범이 아닙니다. 그동안 기술 개발과 설비 투자를 많이 했습니다."

1998년 5월 필자가 대구 환경청장으로 부임 후 비산염색공단을 처음 방문한 자리에서 함정웅 이사장이 한 얘기이다.

"돈도 많이 들었습니다. 그만큼 하루도 마음 편할 날이 없었습니다. 못자리 해놓고 기다리는 농부처럼, 혹은 갓난 아이 눕혀 놓고 들에 나가 일하는 어머니의 마음으로 폐수 처리장을 하루에도 몇 번씩 둘러보곤 했습니다. 이젠 안심이 됩니다. BOD와 COD는 거의 잡혔는데, 아직 색도가 조금 문제입니다. 색도만 처리하면 정말 완벽합니다."

함정웅 이사장이 대구 비산염색공단의 제 3대 이사장으로 부임한 것은 1990년대 초이다. 그때까지 비산염색공단은 폐수 처리를 제대로 하지 못했다. 폐수 처리장을 거쳐서 나오는 처리수가 BOD, COD로 400~500ppm을 넘었다. 전문가를 동원하고 자문도 받았지만 해결되지 않았다. 급기야 실무자가 사법 처리되는 곤욕을 치렀다. 연일 지방의 신문·TV에는 염색공단의 악성 폐수 문제가 대두되었다. 대구를 관통하는 금호강 오염의 주범이 바로 비산염색공단이라는 것이다. 금호강과 낙동강이 합류되는 강창교 부근은 물의 색깔이 확연히 구별되었다. 하수구와 강이 합류하는 듯했다.

함 이사장은 염색공단이 당장 해야 할 일은 폐수 처리 문제임을 알았다. 그는 염색공단 폐수 문제의 해결을 위해서 무엇보다 기술 개발이 중요하다고 생각했다. 그는 먼저 공단 산하에 환경기술연구소를 신설하여 유능한 직원들을 채용하였다.

"이사장님, 염색 폐수의 경우 난분해성 COD의 처리가 문제입니다."

새로 채용된 직원의 보고였다. 환경기술연구소는 1년간의 집중 연구로 난분해성 COD 제거 기술 개발에 성공하였다. 기존 처리 시스템으로는 처리수의 BOD · COD가 400~500ppm이던 것이 신처리 공법을 응용한 결과 20~30ppm 수준으로 떨어졌다. 성공이었다. 원폐수(原廢水)의 수질이 수천 ppm되는 염색 폐수를 20~30ppm 수준으로 낮추는 자체 기술 개발에 성공한 것이다.

"청장님, 이제 비산염색공단은 금호강 오염의 주범이 아닙니다. 방류수를 보십시오. 맑은 물이 나가지 않습니까?"

함 이사장은 염색공단에서 배출되는 방류수를 비커로 떠 보이면서 필자에게 설명하였다.

이제 비산염색공단은 더 이상 금호강을 오염시키는 애물단지가 아니다. 비산염색공단의 염색 폐수의 수질이 개선되면서 금호강의 수질도 현저하게 좋아졌다.

1984년 금호강 하류의 수질은 BOD로 114ppm이었으나 지금은 BOD 3~5ppm이다. 대구의 애물단지 금호강이 살아난 것이다. 하수구나 다름없던 금호강에 물고기가 살고 철새들이 날아오기 시작하였다. 고기를 잡는 강태공들이 금호강으로 몰려오고 있다. 실로 15년 만의 일이다.

금호강을 살리는데 크게 기여한 사람 중에 빼놓을 수 없는 사람이 바로 함 이사장이다. 그는 대구의 자존심을 살린 환경인으로 남을 것이다.

(주)장호 강대권 사장

"신 박사, 똥통에 몸을 담은 지 어언 20년이 넘었소. 아마 다른 사업 했으면 지금쯤 돈도 벌고 대접도 받았을 텐데. 똥통하는 사람은 냄새나는 사람으로 치부됩니다. 내가 밥 산다고해도 싫다고 하는 사람이 많아요."

2000년 가을 과천 청사를 찾은 (주)장호 강대권 사장의 넋두리였다. 그는 20여 년을 정화조를 만드는데 보냈다. 그의 공장은 광주광역시의 한 공단에 있다. 그는 몇 안 되는 호남 출신 환경 기업인 중의 한 사람이며, 필자와는 호형호제하는 사이이다.

"형님, 그래도 보람 있는 일을 하셨습니다. 불모지나 다름없는 정화조 업계를 오늘의 수준으로 만드는데는 형님의 역할이 컸습니다."

그는 정화조 업계의 대부이다. 정화조를 만들고 파는데 한평생을 바쳤다. 그는 고효율 정화조를 개발하였고, 정화조 관련 특허도 몇 개나 갖고 있다. PE°, FRP° 정화조 개발에도 선

° PE(poly ethylene), FRP(강화 플라스틱)는 정화조 재질로 가장 많이 사용된다.

구자 역할을 했다. 그는 스스로를 '똥통'이라고 부른다. 그래서 붙여진 별명이 '똥통 사장'이다.

"정화조라는 것이 땅 속에 묻다 보니 보이지도 않고 건축 허가가 나면 거의 방치해 버리니, 잘 만든 정화조나 처리 효율이 나쁜 정화조나 차별화가 안 돼. 그래서 정화조 업계가 난립하고 값싼 정화조가 시중에 판을 치지."

강 사장은 값싼 정화조를 팔지 않았다. 그것은 우리 후손들의 소중한 환경을 팔아먹는 행위이기 때문이었다. 가정의 분뇨를 1차로 처리하는 것이 정화조가 아닌가? 값싼 정화조를 묻으면 돈을 벌 수 있을지 모르지만 물은 누가 지켜주느냐는 것이 그의 지론이다.

"진정으로 신의가 있는 사람입니다. 사명감과 믿음으로 정화조 업계를 끌고 온 사람입니다."

환경부에서 오랫동안 정화조 업무를 맡았던 K씨의 설명이다.

"일본에서는 오래전부터 합병정화조(合倂淨化槽)를 이용하고 있어요. 우리나라도 일본과 같은 합병정화조를 묻어야 해요. 우리나라는 마을들이 흩어져 있어 하수 처리장의 건설만으로는 한계가 있어요."

강 사장은 최근 그가 개발한 고효율 합병정화조에 대해 열변을 토했다. 누가 뭐래도 그는 현장의 환경 기술자요, 환경 파수꾼이다. 그는 오늘도 공장에 쌓여 있는 정화조를 하나씩 두들겨 보며 불량품이 있는지를 체크하고 있다.

"20년간 정화조를 만들어 왔지만 볼수록 신기해요. 플라스틱 통으로 만든 탱크가 똥, 오줌을 깨끗이 정화 처리한다는 것이. 그래서 저는 정화조 하나하나에 마음과 정성을 쏟습니다."

포스코 박태준 전 회장
|

"포스코의 환경 설비는 세계적인 수준입니다. 굴뚝의 미세 먼지까지 잡아내는 완벽한 대기 정화 시설과 재활용 설비까지 갖춘 폐수 처리 설비, 슬래그 처리를 포함한 자체 폐기물 처리장 등이 그것입니다. 환경 시설 투자비만 2조 원이 훨씬 넘습니다."

포스코 대기 관리팀장의 설명이다.

포스코는 누가 뭐래도 우리나라를 대표하는 국민 기업이요, 세계 최대 규모의 철강 공장이다. 포스코의 환경 설비는 질적으로나 양적으로 자랑할 만하다. 포스코가 오늘의 환경 설비를 갖추는데는 우리나라 철강의 아버지라고 불릴 만한 박 회장이 있었기 때문일 것이다.

1998년 5월 필자가 대구 지방환경청장으로 부임한 직후 포스코를 방문했다. 전에도 포스코를 방문했었지만, 그때는 환경 설비에 대해서 깊이 있게 관찰하지 못했다.

"전 공정 라인 운영과 오염 물질의 배출 처리를 중앙에서 통제하는 TMS(Telemetry System) 시스템을 갖추었습니다. 어느 한 라인에 이상이 생기면 중앙 제어 센터에 즉각 감지가 되고 통제를 하게 됩니다."

2시간 이상 시설 하나하나를 꼼꼼히 살펴보면서 박 회장의 애정을 느낄 수 있었다. 당시 설명을 하던 담당자들의 전언에 의하면, 박회장은 설비를 갖출 때부터 주요 설비에 대한 카탈로그를 보면서 직접 확인했다고 한다. 설비 투자뿐만 아니라 운영 관리에도 박 회장은 많은 관심을 기울였다고 한다.

"환경은 우리 세대의 문제이면서 또한 미래 세대의 문제입니다. 더군다나 우리 포스코는 국민 기업이니 우리가 환경 문제 앞장 서야 합니다. 사업장 내부의 환경 문제뿐만 아니라 지역 사회의 환경 문제에도 솔선해서 해결해야 합니다."

그는 기회가 있을 때마다 환경 문제의 중요성을 간부들에게 강조했다고 한다. 그는 포스코의 오너요, 전문 경영인이요, 환경인이었다.

세계 최대 철강사인 포스코가 수십 년간 환경 사고 한 번 없이 친 환경 모범업체로 오늘까지 올 수 있었던 것도 초창기 박 회장의 과감하고 치밀한 환경 관리가 기초가 되었을 것이다. 그는 포항공대와 포항산업과학원(RIST)을 만들어 포스코와 산·학·연의 유기적인 관계를 유지하였다. 포항공대에도 환경 관련 학과가 있고, RIST에도 환경 연구 부서가 있다. 이것도 박 회장의 환경 사랑과 결코 무관하지 않을 것이다.

13장

환경
저널리스트

환경청을 만든 것도,

환경청을 환경부로 승격시킨 것도,

동강댐 사업을 중단시키고

새만금 사업의 문제점을 제기한 것도

모두 신문·TV였다.

그들은 철저한 친 환경 그룹이다.

조선일보 한삼희 논설위원

한삼희 조선일보 논설위원이 새만금 사업에 관한 글을 실었던 때가 생각난다. 농지나 공단으로 타당성이 없는 새만금 사업을 중단하자는 논조였다.

필자가 한 위원을 처음 만난 것은 1990년대 초 그가 환경부를 출입하면서였다. 그는 차분하면서 논리적이고 이성적이며 매우 겸손하였다.

그는 환경부를 출입한지 1주일도 안 되어 사회면 톱 기사를 쓸 만큼 기사 소화 능력이 뛰어났다. 그 뒤 그는 조선일보가 주관한 '쓰레기를 줄입시다(Don' t waste wastes)' 라는 프로그램의 팀장을 맡아 1년간 성공적으로 수행하였다. 이듬해에는 '샛강을 살립시다' 라는 프로그램의 팀장도 맡았다. 그리고 일본의 츠쿠바 대학에 유학하여 환경을 공부한 학구

파이기도 하다.

일본에서 귀국한 뒤에 사회부장을 맡았다. 사회부장 시절에도 데스크 칼럼을 통하여 그때그때의 환경 이슈를 예리한 시각으로 조명했다.

논설위원이 되자 그는 거의 대부분의 글을 환경 쪽에 할애했다. 그는 정말 환경을 사랑한다. 정부의 환경 정책이 미진할 때는 눈치 보지 않고 직필을 날린다.

"저는 환경부를 두둔하는 게 아니고 환경 업무에 힘을 실어 준 것뿐입니다."

필자가 공보관으로 있을 때 환경부에 대한 우호적인 기사를 썼길래 전화했더니 그는 그렇게 답했다.

그러나 환경부가 소극적이면 여지없다. 안면 몰수다. 쓰레기 종량제가 처음 시행되었을 때 그 문제점을 예리하게 분석하여 보도한 것도 그였다. 아울러 재활용품의 분리 배출이 잘 안 될 때 문제 제기를 한 것도 그였다. 그래서 환경부 공무원들은 그를 좋아하지만 늘 긴장한다. 그에게는 압력이나 로비(?)는 통하지 않는다. 차라리 솔직하게 털어놓고 사정하는 편이 낫다.

그는 조선일보가 '환경 대상'을 만들어 매년 전국의 환경 유공자를 발굴하여 포상하는데 큰 역할을 하였다.

필자는 평생을 환경으로 밥을 먹었지만, 그 앞에 서면 때
로는 부끄러움을 느낀다. '저렇게 환경을 사랑할 수가 있을
까'라고.

동아일보 정성희 기자

"정 차장님, 오랜만입니다. 요즈음은 어디 출입하시지요?"
"또, 환경부입니다."

환경에 미친 기자가 또 있다. 동아일보 정성희 차장이다.
그녀가 처음 환경부를 출입한 것은 1992년 말로 기억된다. 페
놀 사건 직후라 환경 문제에 대한 사회적 관심이 매우 높은
때였다.

정 차장은 매우 부지런하였다. 환경부의 각 과를 찾아다니
며 취재하였다. 장·차관은 물론 사무관·실무자까지 직접
만나 취재하였고, 환경단체·환경 현장까지 확인하고 또 확
인하였다.

당시 필자는 기술개발과장을 맡고 있었는데, 환경 부문에
대한 그녀의 예리한 통찰력에 놀랐다. 아이디어도 풍부하고

사물을 보는 시각이 보통 사람과 달랐다.

당시 필자는 환경마크 제도의 도입 문제로 많은 고민을 하였는데 정 차장의 도움을 크게 받았다. 필자의 첫 환경책인 『시민을 위한 환경 이야기』의 제목을 붙여 준 것도 정 차장이었다.

정 차장의 환경 사랑은 대단하다. 그래서 그녀는 환경부 출입을 3번이나 맡았는지도 모른다. 환경부라면 구석구석까지 꿰뚫어본다. 그녀의 환경 사랑은 거기서 끝나지 않았다. 바쁜 기자 생활 중에서도 서울대 환경대학원에 진학하였다. 그것도 단기 연수 과정이 아니라 정규 석사학위 과정이었다. 환경대학원에 입학했다는 소식을 듣고 필자가 전화를 했다.

"아직도 더 공부할 게 있나요?"

"할수록 더 어려운 것 같아요."

환경부 공무원들은 그녀를 업무적으로 두려워하면서도 무척 좋아한다. 장관에서부터 말단 직원에 이르기까지. 필자가 공보관으로 있을 때의 일이다. 당시 김명자 장관이 주요 업무에 대하여는 꼭 정 차장의 개인 의견을 반드시 물어보라고 했다. 그때는 사실 환경부 출입 기자도 아니었다.

환경을 너무 좋아해서 환경 전문 기자 대우를 받다 보니 오히려 개인적으로는 손해 볼 수도 있을 것이다. 언론사의 생리를 잘 모르긴 해도 어느 한쪽 전문가보다는 저널리스트가 소위 출세(?)하기에 유리할 것이다. 그래도 그녀는 환경을 사랑한다. 그리고 환경을 사랑한 것을 결코 후회하지 않는다고 했다.

"요즘 환경이 너무 조용해요. 그렇다고 문제가 다 해결된 것은 아닌데 정부도, 기업도, 시민들까지도 무관심해졌습니다."

오랜만에 그녀를 만났는데, 또 환경 걱정이었다.

중앙일보 강찬수 기자

환경부 공무원들은 중앙일보 강찬수 기자를 강 박사로 부른다. 그리고 보도자료에 대한 자문을 많이 받는다. 그가 환경도 알고 언론도 알기 때문이다. 강 기자는 서울대를 나와 서울대학원에서 환경 분야의 박사학위를 취득한 후 중앙일보 환경 전문 기자 1호로 발탁된 환경 전문가요, 환경 기자이다. 서울대 미생물학과의 김상종 교수가 그의 은사이기도 하다.

강 기자의 기사는 깊이가 있고 내용이 알차다. 그는 그의 전문성을 바탕으로 심층 취재하여 문제의 핵심을 지적하고,

대안까지 제시한다.

1990년대 중반, 소각 시설의 다이옥신 문제로 지역 주민과 자치단체 간의 마찰이 생겼을 때도, 그는 어느 편을 들지 않고 전문가의 잣대로 다이옥신의 위해성까지 정확히 지적했다. 쓰레기 종량제가 처음 시행될 때에도 그러했고, 수돗물의 바이러스 검출 문제로 사회적 파장이 컸을 때도 그는 사실에 바탕을 두고 문제의 핵심을 지적했다.

환경부 출입 기자들은 그를 동료로 뿐만 아니라 환경 자문관으로 예우를 해준다. 그는 서널리스트로서의 강한 사명감도 잊지 않는다. 환경 전문 기자이기 때문에 손해 보는 경우도 있다. 너무 많이 알다 보니 이 사정 저 사정 다 살피다가 알고도 기사를 안 썼는데 다른 신문에서 먼저 기사가 실렸을 때이다. 데스크에서는 "전문가가 그것도 모르고 있었느냐"고 핀잔을 줄 때 참으로 난감하다고 한다. 강 박사는 매우 진솔하고 정직하다. 그것은 그의 성격 탓도 있지만 자연과학을 했기 때문이기도 하다.

그래서 그런지 그는 잔재주를 부리는 사람을 제일 싫어한다. 솔직하게 잘못을 시인하는 사람들에게는 매우 관대하지만, 잔재주를 부리면 끝까지 파헤쳐 끝장을 보는 성격이다. 임기응변 식으로 얼렁뚱땅 넘어가려다가 혼쭐난 사람도 있다. 그녀는 오늘도 환경동네의 구석구석을 돌아보며 환경동네를 감시하고 있을 것이다.

일간보사 이정윤 기자

일간보사(日刊保社)의 이정윤 기자는 15년을 환경부만 출입했다. 그의 수첩을 뒤지면 월간, 주간 기사철이 있다. 환경 기사는 대부분 계절성이 강하다. 봄철이 되면 황사와 봄 가뭄 문제가 이슈가 되고, 여름철이 되면 오존 문제·산성비·적조 등이 이슈가 된다. 7~8월 피서철에는 쓰레기 문제, 가을철이 되면 행락객을 중심으로 쓰레기 문제, 겨울철이 되면 난방 연료 사용이 증가되면서 대기질이 나빠져 기사가 된다. 연중 기사로는 4대 강 수질 오염도와 주요 도시의 대기 오염이 훌륭한 기삿거리가 된다.

"기사가 없을 때는 팔당(八堂) 수질 오염에 대해 쓰면 됩니다. 수질이 나빠졌다고 해도 기사가 되고, 수질이 좋아졌다고 해도 기사가 되니까요."

그는 환경부 어느 과에 무엇이 있는지 소상히 파악하고 있다. 그는 명실상부한 환경부의 사발통신이다. 게다가 그는 서

울시립대 환경공학과의 전신인 위생공학과를 졸업하고 환경
기사 자격증까지 갖춘 환경 전문가이다. 환경부 장관과 공보
관은 이 기자를 잡아야(?) 한다. 그가 환경 기사의 도매상(?)
노릇을 하기 때문이다. 좋은 기사든 나쁜 기사든 그의 손을
직간접으로 거치지 않는 기사가 없다고 할 만큼 그의 환경 기
사 영향력은 크다.

뿐만 아니라 그는 환경부 기자실의 산 지킴이며, 산 역사
이다. 오래 출입하다 보면 싫어하는 사람도 있으련만, 그는
전혀 그런 내색을 하지 않는다. 그는 때로는 환경부의 입장에
서 환경부를 옹호하기도 하지만, 늘 환경이라는 큰 틀을 살리
는 윈윈 전략을 구상한다.

그는 매년 국정감사 때만 되면 인기인이 된다. 국회 환경
노동위원회 소속의 의원 보좌관들이 앞다투어 그를 만나려 한
다. 환경부의 약점(?)을 누구보다 속속들이 알기 때문이다. 그
러나 그는 의리 없는 행동은 결코 하지 않는다. 정책적으로 쌍
방 간의 도움이 되는 문제에 대한 정보는 슬쩍 흘려 주지만 그
이상은 절대 사절이다. 그는 자기가 제공한 정보 누출에 대하
여는 담당 과장에게 미리 슬쩍 알려 주는 것도 잊지 않는다.

그는 기자이기에 앞서 영원한 환경인이라는 자부심이 더
욱 크다. 기자 생활이야 잠시 스쳐 가지만 환경인 이정윤은

그가 존재하는 한 지속되기 때문이다.

수자원환경신문 김동환 사장

"물이 부족합니다. 우리나라는 이미 유엔에서 물 부족 국가로
분류할 만큼 물 사정이 좋지 않습니다. 물의 소중함을 알리는
데 평생을 보냈습니다."

수자원환경신문 김동환 사장의 말이다. 그는 20년 이상을
수자원환경신문과 함께 했다. 아니 물과 함께 살아왔다고 해
도 과언이 아니다.

"1960~1970년대에는 댐을 건설하여 수자원 관리에 역점
을 두었고, 1980~1990년대에는 하수 처리장 건설 등 깨끗한
물을 공급하는데 역점을 둔 것 같습니다. 아직도 물 관리의
일원화문제만 나오면 머리가 아픕니다. 이제 저도 어떻게 하
는 게 옳은지 잘 모르겠습니다."

---

* 중수도(中水道)는 일정 규모 이상의 대형 건물에 설치하도록 하고 있다. 사용한 수돗물
을 자체 정화하여 화장실이나 정원용수로 사용하고 있다. 중수도는 상수도와 하수도의
중간이라는 뜻이다.

김 사장은 물에 관한 한 산 역사요, 증인이다.

"페놀 사건은 우리나라 물의 질적 관리의 전환점이 되었습니다. 이제 중수도(中水道)* 문제에 대해 좀더 신경써야 됩니다. 댐을 건설하는 공급 위주의 물 정책만으로는 부족합니다."

그는 물을 아껴 쓰고 재이용하는 물 수요 관리의 중요성을 강조하며, 중수도(中水道) 시설의 확대 보급이 시급하다고 지적했다. 현재까지 대규모 공장, 호텔 등에 설치된 중수도마저 관리가 제대로 안 되고 있다는 지적이다.

필자가 그를 처음 만난 것은 환경부 음용수 관리과장을 할 때이다. 그는 먹는 샘물(생수)의 시판 허용과 관련하여 많은 자문을 해주었다.

"먹는 샘물의 시판 허용은 이제 불가피하다고 봅니다. 그러나 수돗물과의 형평성이 문제입니다. 자칫 잘못하다가는 수돗물 불신만 가중될 수도 있습니다."

필자는 '먹는 물 관리법'을 입안하는 과정에서 자구 하나하나에 그의 자문을 받았다.

"우리 국민 한 사람이 하루에 쓰는 물의 양이 300 l 가까이 되는데, 하루에 10%만 아끼면 1년에 대청댐이 공급하는 물 만큼 절약할 수 있습니다. 이제 댐을 지을 장소도 없고, 또 민원 때문에 짓지도 못합니다. 이제 물을 물 쓰듯 할 것이 아니라 물을 돈 쓰듯 해야 됩니다. 물 정책도 공급 위주에서 물 수요 관리로 바뀌어야 합니다. 그리고 우리나라는 물 값이 너무 싸요. 수돗물 값을 현실화해서 물의 소중함을 일깨워야 합니다."

김 사장은 오늘도 물 걱정이다.

14장

환경 때문에
웃고 운 사람들

물, 공기, 땅, 사람이 다 환경동네의 주인이요,

경천애지(敬天愛地)하는 것이

환경을 살리는 첫걸음이지요.

사람들의 인간 이기주의가 환경동네를 망치고 있어요.

김포 매립지 스타 이명재 인천 시의원

"부위원장님, 도와주세요. 수도권 지역 쓰레기를 해결 못하면 쓰레기 대란이 일어납니다."

1993년 초로 기억한다. 황산성 당시 환경처 장관은 이명재 당시 김포 매립지 수석 부위원장에게 협조를 부탁했다. 그는 당시 김포 매립지의 주민 측 대표의 실세 중의 실세였다. 그를 설득하지 않고서는 김포 매립지의 쓰레기 반입을 해결할 수 없었기 때문에 장관이 직접 나섰던 것이다.

이 부위원장은 매우 논리적이고 말을 잘하며 리더십이 있다. 그래서 그는 주민 측을 대변해서 정부 측과 협상을 하는데 앞장 섰다. 주민 측은 그를 믿고 그가 결정하면 결정한 대로 따라갔다. 그는 김포 매립지 때문에 새로운 스타가 되었다.

환경처 장관 · 차관은 물론, 서울시 · 인천시 · 경기도의 고위 관료들은 그를 만나려 하였고, 회의석상에서도 공무원 측 대표들이 그 앞에서는 꼼짝을 못했다.

"환경, 중요하지요. 그리고 수도권 지역의 쓰레기, 처리해야 됩니다. 그런데 제대로 처리하십시오. 침출수나 악취 문제도 해결하지 않고 쓰레기를 반입하겠다는 것은 말이 안 됩니다."

그는 소탈하며 진솔한 편이다. 그러나 잔재주를 부리다가는 큰 코 다친다. 그는 두주불사이다. 협상이 끝난 후 술자리에서는 술로 상대의 기를 꺾는다. 소주를 맥주 컵으로 돌린다. 그에게도 약점은 있다. 인정이 많은 편이다.

1993년으로 기억된다. 사업장 폐기물의 반입 문제로 정부 측과 줄다리기를 할 때였다.

"부위원장님, 이 문제 해결 못하면 저 인사 조치 됩니다."

공무원들은 논리적 설명으로도 술로도 안 되면 마지막으로 그에게 인정에 호소했고 그것은 적중했다.

어쨌든 그는 초창기 김포 매립지의 주민들을 대표하여 정부 측과 원만한 협상을 통하여 매립지를 오늘의 반석 위에 올리는데 큰 역할을 했다.

그러던 어느 날 그는 주민의 목소리가 지나치게 높다는 비판의 여론이 일면서 검찰의 조사를 받고 피소되는 홍역을 겪는다.

그는 매우 투지가 강하고 집념이 강했다. 검찰 문제를 슬기롭게 대처한 후 인천 시의원으로 당당히 당선되었다. 그는 정면 돌파하여 명예 회복을 한 것이다.

그는 누구보다 김포 수도권 매립지에 대한 애증이 많을 것이다. 그는 누가 뭐래도 환경인이다. 환경 때문에 스타가 되었다가 그 일 때문에 옥고를 치렀고, 다시 정치인으로 재기하였다.

동아건설 최원석 회장

"그것이 어떻게 만든 땅인데… 대통령께서 말씀하시는데 협조 안 할 수도 없고…."

1987년의 일로 기억된다. 청와대를 다녀온 동아건설 최원석 회장이 측근에게 독백처럼 한 말이었다고 한다.

최 회장은 평소 애지중지하던 인천시 검단 일원의 간척지 절반(630만 평)을 정부에게 헌납하였다. 아니, 빼앗겼다고 하는 것이 더욱 적절한 표현이다. 명분은 국가 사업, 환경 사업이었다. 그것도 시가 보상도 아니고, 감정 평가액으로 말이다.

당시 매립지 주변의 땅값이 100만~200만 원이었는데, 감정 평가액 7천300원에 넘겼으니 얼마나 마음이 아팠겠는가. 100만 원으로 계산하여도 6조3천억 원인데 450억 원을 받고 정부 측에 넘겨야 했다. 당시 사회 분위기로는 억울해도 억울하다는 하소연 한 번 못했을 것이다.

더욱 최 회장을 분통 터트리게 한 것은 1993년 YS 정부가 들어섰을 때였다. 다름이 아니라 5공 비리 특별 조사를 받아야 했다. 이유는 정부가 동아건설의 땅을 인수한 후 매립지 관련 모든 공사를 동아건설 측에 수의계약하도록 했기 때문이라는 것이다.

한마디로 얘기하면, 동아건설이 정부로부터 특혜를 받았다는 것이다. 당시 환경부에서 김포 매립지 업무를 담당했던 K국장도 관계 기관의 특별 조사를 받았다.

정부가 동아건설과 수의계약을 한 것은 특혜라기보다는 큰 손해를 본 동아건설에 대한 정부 측의 배려였다. 또 당시의 예산 회계법상으로는 수의계약 요건이 되면 수의계약을 할 수 있었다.

지나고 보니 유리한 점도 있었다. 김포 매립지 땅의 일부를 처분한 것이 동아건설의 현금 확보에 도움이 되었다. 만약 동아건설이 매립지로 땅을 내놓지 않았다면 땅은 그대로 소

유하고 있었겠지만 현금 확보는 어려웠을 것이다. 지금까지
도 나머지 남은 땅이 도시계획이 되지 않아 농지로 묶여 있는
상태이다.

어쨌든 최 회장은 본인의 의지와 상관없이 환경 때문에 유
탄을 맞았다. 그래도 그의 헌신적인 협조가 있었기에 오늘의
세계적 매립지가 탄생할 수 있었다.

서울대 김상종 교수

2000년 말은 수돗물 바이러스 검출 문제로 무척 시끄러웠다.
서울대 김상종 교수의 수돗물 바이러스 검출 주장으로 김 교
수와 환경부 간의 뜨거운 공방이 전개되었다.

김 교수는 경기고와 서울대 미생물학과를 나와 독일에서
박사학위를 받은 정통 엘리트 학자이다. 뛰어난 화술과 순발
력은 웬만한 정치인, 방송인을 능가한다. 그는 40대 초에 차
관급인 국가과학기술자문위원에 위촉되었으며, 한때 텔레비
전 방송 진행도 맡은 적이 있다.

김 교수의 전공은 미생물학이다. 미생물 분야는 여러 학문
과 연계되어 응용의 폭이 매우 넓다. 김 교수는 1980~1990

년대 환경 문제가 사회 이슈화되면서 미생물과 관련된 환경 연구에 많은 관심을 가졌다. 김 교수는 환경 문제와 더불어 소위 매스컴을 타면서 대중적 인기를 얻은 대표적 인물이다. 말하자면 환경 스타이다. 게다가 정부의 불신이 커지면서 그의 역할은 더욱 커졌다.

필자가 김 교수를 처음 만난 것은 꽤 오래전이었다. 라디오 방송 대담 프로였던 것 같다. 알고 보니 필자와 학교는 다르지만 같은 학번에 전공도 비슷하여 쉽게 가까워졌다. 필자는 환경부에서 일하는 동안 김 교수의 자문을 받는 등 도움을 많이 받았다. 그는 국내 환경 이론에 관한 한 손꼽히는 대가 중 대가이다.

그의 발표는 TV, 신문에 실렸다. 그러나 호사다마랄까. 김 교수는 지나친(?) 현실 참여 때문에 홍역을 치러야 했다. 서울시의 수돗물 바이러스 검출 논쟁이 벌어지면서 서울시와 불편한 관계를 갖게 되었고, 마침내 서울시가 김 교수를 법적으로 문제 제기하기에까지 이르렀다.

어쨌든 김 교수는 우리나라 환경사의 한 페이지를 장식할 만큼 큰 역할을 했던 전문가 중의 전문가이다.

전 환경청 차장 이두호 박사

"전통(全統 · 전두환 대통령)도 마찬가지야."

1983년으로 기억된다. 당시 보건사회부 기획관리실장이
었던 이두호 씨는 의료보험 문제로 청와대 측과 의견 차이가
있었다. 그러던 차에 이 실장이 의료보험 문제로 출입 기자단
과 만찬 자리를 가졌는데, 그 자리에서 청와대 측에 대한 불
편한 심기를 토로한 것이다. 이 실장이 욕을 한 사람은 당시
보건사회부에서 청와대로 파견 나간 K비서관이었다. K비서
관은 이 실장과는 동향에 같은 대학 후배로 평소 매우 가까운
사이였는데, 의료보험 문제로 의견 충돌이 생긴 것이다.

이튿날 이 실장에 대한 내용이 청와대로 보고됐다. 며칠
뒤 이 실장은 안기부에 불려가 특별 조사를 받았다. 조사 결
과는 곧바로 대통령에게 보고되었다. 보고 요지는 대충 이러
했다고 한다.

"이 실장을 조사해 봤더니 특별한 비리 혐의는 없었습니
다. 그러나 대통령을 비판하고 욕한 것은 사실이었습니다."

전 대통령은 보고 도중에 참모에게 지시하였다.

"어허, 고위 공직자가 대통령을 욕하고 다닌다고. 대통령
도 잘못하면 욕할 수 있지. 그러나 고위 공직자가 그것도 부

처의 핵심 간부가 대통령 욕하는 것을 그냥 둘 수는 없으니 인사 조치 하시오."

이 실장은 며칠 뒤 보건사회부 기획관리실장에서 보건사회부 산하 외청인 환경청 차장으로 좌천(?)된다. 나중에 안 사실이지만 이 실장에 대한 안기부 보고서의 내용은 단순 인사 조치가 아니고 해임 건의였는데, 보고서의 뒤쪽까지 보고되기 전에 전 대통령이 먼저 인사 조치하라고 지시했기 때문에 환경청 차장으로 자리를 옮기게 된 것이다.

이처럼 이두호 씨가 환경 업무와 인연을 맺게 된 것은 대통령을 비난한 것이 계기가 됐다. 그전에도 보건사회부에서 간접적으로 환경 업무에 관여한 적은 있지만, 환경 업무에 직접 손을 댄 것은 전혀 자신의 뜻과 상관없이 환경청 차장 자리를 맡으면서이다.

"솔직히 처음에는 매우 착잡했어요. 그만둘까도 생각했지요. 그러나 막상 환경 업무를 해보니 재미도 있고 할 일도 많았고, 또 보람도 있었어요."

그는 5년 2개월간의 환경청 차장을 거치면서 서울대학교 보건대학원에서 환경 분야로 박사학위도 받았고, 환경 교재도 집필하였다. 나중에 이 박사는 보사부 차관을 거쳐 한림대에서 환경 강의도 하였다.

"물, 공기, 땅, 사람이 다 환경동네의 주인이요, 경천애지(敬天愛地)하는 것이 환경을 살리는 첫걸음이지요. 사람들의 인간 이기주의가 환경동네를 망치고 있어요."

본인의 원래 뜻과 관계없이 환경동네에 뛰어든 이 박사이지만, 그는 누구보다 환경을 사랑하는 환경 전문가가 되었다.

트로이 목마 곽결호 환경부 차관

1994년 말로 기억된다. 건설교통부의 상하수도국이 환경부로 이관되면서 당시 상하수도 국장이었던 곽결호 씨는 본인의 의사와 관계없이 직원 30여 명을 데리고 낯선 부처로 옮겨야 했다. 아쉬움과 서운함을 간직한 채 새로운 부처에 적응해야 한다는 두려움까지 겹쳤을 것이다.

그로부터 10년 가까이 지난 2003년 3월 참여정부의 발족과 함께 곽결호 씨는 참여정부 초대 환경부 차관으로 발탁되었다. 기술 관료의 한계와 부처 이동이라는 불이익을 이겨낸 인간 승리였다. 그리스 군대가 병사를 목마 속에 숨기고 트로이 성에 잠입한 후 함락시킨 것처럼. 어쨌든 곽 차관은 생판 연고도 없는 남의 부처에 부하직원을 이끌고 들어가 안방을 차지한 셈이다.

그러나 곽 차관의 승진은 결코 우연이 아니다. 그는 뛰어난 친화력과 업무에 대한 열정으로 상하 직원은 물론 출입 기자단에도 인기가 높다.

1998년 3월로 기억된다. 국민의 정부가 들어서고 첫 장관에 부임한 최재욱 장관은 당시 차관에게 지시하였다.

"내 임기 중에 4대 강의 수질 개선을 꼭 이루고 싶소. 그러기 위해서는 사람이 필요한데 누가 좋겠소."

"장관님, 적임자가 있습니다. 그러나 지금 유엔대표부에 장기 파견 나가 있습니다."

곽 차관은 유엔대표부의 임기도 채우지 못하고 일 잘한다고 차출되는 수모(?)를 겪어야 했다. 다른 사람이 보면 행복한 고민이었겠지만 그에게는 나름대로 애로사항이 있었다. 유엔대표부에 파견된 기간에 그는 미국 대학에서 박사학위 과정을 이수하고 있었다. 어쨌든 그는 모든 것을 접고 귀국해야 했다. 그 후 그는 최 장관의 기대에 어긋나지 않게 4대 강 특별법을 성안하는 기초 작업을 성공적으로 마쳤다.

필자가 경기도 광주시를 방문했을 때였다. K국장을 만난 김에 곽 차관의 안부를 물었다.

"환경부에 있었다면 곽 차관 알겠네요. 그분 참 대단한 사람입니다. 한강 특별법을 만들 때 우리 광주시에 와서 살다시 피 했지요. 아마 여기서 그분 국회의원 나와도 될 거예요. 모르는 사람이 없고, 또 한 번 만난 사람들은 다 좋아해요. 그런데 한강 특별법 만들 때 곽 차관이 우리의 편이라고 생각하고 힘껏 도왔었는데 지금 와서 가만히 생각해 보니 우리가 손해본 것 같아요. 우리가 당했어요. 그래도 밉지 않아요."

곽 차관의 인간미를 엿볼 수 있는 대목이다. 그는 기술 관료로는 드물게 환경부의 핵심 국장을 두루 거쳤으며, 기획관리실장으로 발탁되었다. 그리고 많은 일들을 무리 없이 해냈다.

그가 환경부에서 차관까지 오를 수 있었던 것은 무엇보다 건교부 출신이지만 상하수도 기술사에 환경 박사학위까지 갖춘 환경 전문가 중의 전문가였기 때문이다.

"저는 늘 주어진 여건 속에서 꾀 부리지 않고 열심히 일하고 있습니다."

그의 인생 좌우명이라고 해도 과언이 아니다.

전국환경관리인연합회 이용운 전 회장
|

"되돌아보니 곡절도 많았지만 보람도 많았습니다. 다시 태어

나도 환경인이 되고 싶습니다. 제게는 아직도 할 일이 너무너무 많아요."

정읍 출신으로 전북대 농대를 나와 삼립식품에서 환경 관리 업무를 맡은 것이 그가 환경인의 길을 걷게 된 배경이다. 그는 초창기에 공해관리기사 1급 자격증을 획득했다. 이것이 인연이 되어 전국환경관리인연합회 초대, 2대, 3대 회장을 역임한다. 전국환경관리인연합회는 전국 조직으로, 명실상부한 현장 환경인들의 모임이다.

"미생물은 자식처럼 애지중지해야 됩니다. 추우면 춥다고, 더우면 덥다고 그리고 먹이가 많아도 걱정, 적어도 까탈을 부리는 그놈들을 다독거려야 합니다. 어디 그뿐입니까. 환경 관리 업무 외에 쏟아지는 잡무나 환경 단속에 대한 부담이 많습니다."

그는 전임 환경관리인연합회 회장답게 현장 환경 관리인들의 고충과 어려움을 얘기한다. 그들을 누구보다 잘 아는 사람이 바로 이 회장이다.

그는 환경 관리인으로서의 경험을 바탕으로 『첨단환경기술』을 창간하여 운영하고 있다. 새로운 환경 기술 정보를 알리겠다는 취지이다. 하루 24시간을 분 단위, 초 단위로 쪼개 환경동네 구석구석을 누비고 다닌다.

"대~한민국 짝짝짝 하는 소리가 아직도 우리의 뇌리를 맴도는 듯합니다. 이제 환경 4강이 되었으면 합니다."

그는 저서 『환경인이 쓴 편지』에서 우리나라가 환경 4강이 되기를 기대한다는 소망을 간절하게 피력했다. 모르긴 해도 그는 머리 끝부터 발 끝까지 아니, 머릿속 뼛속까지 환경이란 두 글자로 가득 차 있을 것 같다.

15장
환경 경영

환경도 1등만을 고집하는 삼성,

친 환경 기업의 대표주자 LG,

환경 기술 개발을 선도하는 SK,

페놀사건의 후유증을 털어 버리려고 몸부림쳤던 두산,

선진 환경 기준 적용하는 현대자동차 등

많은 기업들이 환경 경영에 앞장 서고 있다.

삼성그룹

|

"환경도 1등입니다. 우리는 국내외 환경 기준보다 훨씬 엄격한 내부 환경 기준을 적용하고 있습니다."

삼성지구환경연구소 황진택 박사의 설명이다. 그러고 보니 기억이 난다. 1998년 가을 삼성전자 구미공장을 방문한 적이 있다.

"공장장의 3대 목표 중의 하나가 환경 관리입니다. 저희 공장은 배출 허용 기준의 1/10 이하로 관리하고 있습니다."

장병조 공장장의 설명이다. 그러면서 그는 비커로 방류수를 떠서 보여 주었다. 육안으로 보기에도 수돗물이나 하천수 같았다. BOD값으로 얼마냐고 물었더니 2ppm이라고 하였다. 2ppm이면 거의 팔당 원수 수준이다.

"저희 그룹은 제품의 녹색화, 공정의 녹색화, 사업장의 녹색화, 경영의 녹색화와 함께 지역 사회의 녹색화 등 5대 과제를 실천하고 있습니다."

황 박사의 설명이다. 삼성그룹은 환경, 안전, 보건에 대한 녹색 경영 선언을 하였다.

"무엇보다 자원과 에너지를 아끼고 절약합니다. 폐기물의 발생을 최소화하고 폐수 무방류 사업장을 실현하려고 노력하고 있습니다."

삼성전자 구미 공장은 중수도 시설을 설치하여 폐수를 한 방울도 방출하지 않고 있다. 하루에 공장 폐수 200m³와 공정수 160m³를 전량 위생 용수와 냉각수로 재이용하고 있다.

"연간 2억2천만 원의 비용을 절감하고 있습니다. 이제 환경 친화적 사업장이 아니면 안 됩니다."

삼성전자 구미공장 김종규 과장의 설명이다.

삼성정밀화학의 경우 에너지 절감에 역점을 두고 있다.

"1999년부터 약 80건의 절감 운동을 진행했습니다. 총 200억 원을 들여 300억 원의 절감 효과를 거두었습니다."

삼성정밀화학의 에너지 절감 업무를 맡았던 삼성 에버랜드 에너지 영업 2팀의 차재호 팀장의 설명이다.

삼성그룹은 전국의 모든 사업을 환경 친화적으로 운영하고 있다. 삼성그룹 중 환경부로부터 환경 친화 기업 지정을 받은 사업장은 무려 15개 소나 된다.

"이제 환경 친화 기업은 기본입니다. 기업＝환경입니다. 모든 사업장을 환경 기업으로 만들겠습니다."

황 박사의 설명이다.

삼성그룹은 환경 기술 개발에도 역점을 두고 있다. 삼성은 기술 개발의 중요성을 누구보다 잘 알고 있다. 삼성은 환경도 완벽주의요, 무조건 1등이어야 한다.

"완벽한 품질, 완벽한 환경이 저희 삼성이 추구하는 목표입니다. 양과 질의 비중을 5대 5나 3대 7 정도가 아니라 아예 0대 10으로 가자는 것이지요. 질을 위해서는 양을 희생시켜도 좋다는 것입니다."

삼성경제연구소 한창수 수석연구원이 어느 월간지와의 인터뷰에서 밝힌 내용이다. 삼성그룹의 공장장들은 환경부나 지방자치단체의 감사보다 그룹 자체 감사를 훨씬 더 두려워한다. 1992년부터 삼성지구환경연구소가 중심이 되어 운영하고 있는 그룹 계열사에 대한 자체 감사는 엄격하기로 소문이 나 있다. 환경에 관한 한 요람에서 무덤까지를 실천하는 기업이 바로 삼성그룹이다.

LG그룹

|

〈LG는 환경, 안전, 보건을 최우선으로 생각합니다. 관련 법규를 바탕으로 엄격한 기준을 철저히 준수하는 초우량 LG를 실현하겠습니다.〉

1997년 만든 LG그룹 환경 선언문의 요지이다.

"우리는 전 사업장을 환경 친화 기업으로 만들었고 ISO 14001 인증*도 획득했습니다. 늘 깨끗한 환경, 안전한 작업장을 추구합니다."

1999년 초 필자가 LG전자 구미공장을 방문했을 때 들은 임성근 팀장의 설명이다. 임 팀장의 설명처럼 LG전자 구미공장의 작업 환경은 정말 깨끗했다. 공장이라는 기분을 느낄 수 없었다.

"오늘은 작업이 없는 날인가요? 아니면 제가 온다고 라인들을 전부 스톱시킨 건가요?"

"아닙니다. 정상 근무중입니다. 청장님께서 방문하신다고 어제 대청소는 했지만, 평소에도 이 정도입니다."

---

* 국제표준화기구(ISO)의 품질 인증 중 14000 시리즈는 환경에 대한 품질 인증이다. ISO 14000은 친환경 경영을 한 기업에게 부여한다.

LG 환경안전연구원은 그룹 전체 계열사에 대한 환경, 안전, 보건에 대한 정기적인 진단도 실시한다. 환경 경영 진단을 통하여 세계적인 기업과 비교도 하고 문제점을 개선하고 있다. LG그룹은 환경 기술 개발에도 매우 적극적이다.

"청정 생산(clean production) 기술과 사업장 폐기물의 저감 기술 개발에 역점을 두고 있습니다. 이산화탄소 전환 공정 개발과 BAT(Best Available Tech)* 기술 개발에도 노력하고 있습니다. 또한 전 과정 평가(Life Cycle Assessment)**에도 관심을 기울이고 있습니다. 제품의 원료에서부터 제조 공정, 제품 폐기하는 과정까지 전 과정을 친 환경적 구조로 만들었습니다."

LG 환경안전연구원 부설 환경정책연구센터 관계자의 말이다.

LG그룹은 LG전자, LG화학, LG정유, LG산전, LG정보통신, LG전선, LG석유화학 등 매우 다양한 업종을 경영하고 있다. 그만큼 환경 관리의 폭도 넓을 것이다. 그래도 LG그룹의

---

* BAT(Best Available Technology)는 말 그대로 이용 가능한 최고의 기술을 의미한다.
** 전 과정 평가(Life Cycle Assessment)는 제품의 생산, 유통, 소비, 폐기 과정에서 오염 물질의 발생 과정을 평가한다는 뜻이다.

각 계열사들이 지향하는 공통점은 있다고 한다.

"알파에서 오메가까지 모두 친 환경적입니다. 누구나 인정하는 1등 LG, 이것이 우리가 달성해야 할 목표입니다."

LG 환경안전연구원 관계자의 설명이다.

그는 '1등 LG' 부분에 더욱 힘을 주었다. 그러고 보니 일간지에 실린 구본무 회장의 '1등 LG론'이 기억난다.

〈당장은 세계 최고와 격차가 크다고 하더라도 반드시 1등을 하겠다는 열망과 실천 의지가 있으면 세계 1등도 그리 먼 얘기가 되지는 않을 것입니다.〉

현대자동차

"우리는 법적 기준보다 훨씬 엄격한 사내 환경 기준을 적용하고 있습니다. 세계에서 가장 까다로운 법적 기준을 다 충족하고 있습니다. 법적 기준의 1/4밖에 안 됩니다."

현대자동차의 한 관계자의 설명이다. 현대자동차는 오래 전부터 글로벌 환경 경영을 선언하였다. 환경 친화적 자동차의 개발, 보급으로 자동차 전문 기업으로서의 사회적 책임을 다한다는 것이다.

현대자동차는 일찍이 환경부로부터 환경 친화 기업 지정을 받았고, 1996년에는 울산 · 아산 · 전주 공장이 국제표준화기구(ISO)로부터 ISO 14001을 획득했다. 뿐만 아니라 아산공장은 환경부로부터 2000년 환경 경영 대상을 수상하였으며, 2001년에는 장영실 최우수상을 수상하였다.

"이제 자동차도 기술 전쟁의 시대입니다. 그것도 청정기술*이어야 세계 시장에서 이길 수 있습니다. 이제 현대의 기술은 다른 나라에서도 인정해 주고 있습니다."

현대자동차는 엄청난 예산을 기술 개발비에 투자하고 있다. 기술 투자와 함께 환경 성과 평가를 통하여 기술에 대한 사후 검정도 게을리 하지 않는다.

"완전 무공해 차인 하이브리드 전기 자동차와 초경량 자동차의 실용화도 완성 단계에 와 있습니다. 아예 환경 자동차를 만들겠습니다."

기술 개발팀 관계자의 설명이다. 아울러 자체 환경 교육과 함께 지역 사회를 위한 환경 보전 활동도 모범적으로 실시한

---

* 청정 기술(clean technology)은 생산 공정에서 오염 물질의 발생을 줄이는 기술을 말한다. 발생된 오염 물질을 정화 처리하는 사후 처리 기술(end of pipe technology)의 상대적 개념이다.

다. '1사 1하천 운동', '1사 1산 가꾸기 운동' 등은 이제 그들의 일상 생활이 되어 버렸다.

포스코

"저희 회사의 모든 임직원들은 환경 경영이라는 새로운 기업 경영 패러다임의 실천에 적극 동참하고 있습니다."

포스코 최고 경영자의 환경 선언의 내용이다. 포스코 최고 경영진은 제품 생산 못지않게 환경 경영을 강조한다. 포스코는 에너지를 많이 사용하는 공해 업종이라는 인식을 극복하기 위해 환경에 엄청난 투자를 했다.

"지금까지 2조5천억 원을 환경 설비에 투자하였습니다. 지금도 1년에 1천억 원 이상을 환경 설비 보강에 투자하고 있습니다. 지난해 환경 비용이 5천억 원이 넘습니다. 환경 설비의 운영에 필요한 전력비만 연간 1천500억 원 가까이 됩니다. 환경 R&D 비용도 연간 200억 원 가까이 됩니다."

포스코 대기관리팀장의 설명이다. 포스코의 환경 관리 실태를 보면 정말 어마어마하다. 1998년 필자가 포항공장을 방문했을 때도 대기 정화를 위한 전기 집진기의 규모에 놀라지

않을 수 없었다. 웬만한 공장의 제조 설비보다 훨씬 크고 웅
장했다.

포스코는 환경 친화적 제철소를 구현하기 위하여 기술 개
발에도 꾸준한 노력을 기울이고 있다.

"PI(Process Innovation)의 한 부분으로 환경 프로젝트를 추
진하고 있습니다. 대기 · 수질 측정 데이타를 통합 데이터 베
이스(data base)화하여 관리하고 있습니다."

대기관리팀장의 설명이다. 포스코는 물 사용을 줄이기 위
한 노력도 엄청나다. 만약 제철공장에서 공업용수를 재순환
하지 않는다면 쇳물 1톤 생산하는데 100m³ 이상의 물이 소요
된다. 그러나 포스코는 폐수의 재이용을 통하여 쇳물 1톤 생
산에 3.5m³의 용수만을 쓰고 있다.

"저희 회사는 LCA(Life Cycle Assessment)라는 신 환경 기
법을 통하여 원료 채취에서부터 생산, 사용, 폐기까지의 전
과정 평가도 실시하고 있습니다."

이제 포스코는 '철강 1등' 뿐만 아니라 '환경 1등', '환경
포스코'를 만들 것이다.

SK그룹

"환경 투자는 이익을 내는 중요한 수단입니다. 환경 경영은 기업의 비용이 아니라 새로운 가치를 창출하는 중요한 요소입니다. 디지털 시대라고 일컬어지는 21세기의 큰 변화 중의 하나가 바로 환경 문제입니다."

SK에버텍의 김수필 사장은 21세기의 글로벌 무한 경쟁 시대에서 환경 친화적 기업 경영만이 살아남고 우위를 점할 수 있다고 밝혔다. 이제 '환경=비용'이 아니라 '환경=돈벌이'로 바뀌고 있다. 아니 벌써 미국, 유럽을 중심으로 바뀌었다. 환경은 선택이 아니라 제품 생산과 수출에 필수이다. 환경 친화적이라는 말은 모든 기업과 제품 생산의 필수 요소가 되었다. 에너지를 아끼고, 저공해 원자재를 사용하고, 오염 물질이 적게 생산되는 제조 공정으로 바꾸고, 폐기물을 완벽하게 처리하는 것이다.

"환경 오염 물질이 법적 규제치의 1/3이 넘으면 자동 경보 시스템이 작동합니다."

SK그룹은 이처럼 오염 물질의 자동 감시 시스템의 운영과 함께 공장 주변의 지하수 질과 대기 질도 주기적으로 분석하고 있다고 김 사장은 덧붙였다.

"환경 경영은 국제 교역 증대, 대외 이미지 제고 등에서 새로운 이익을 창출하는 좋은 수단입니다."

그래서 SK그룹의 많은 계열사와 공장들이 환경 친화 기업으로 지정되어 있고, ISO 14000 인증을 받았다.

SK그룹은 새로운 환경 경영의 기술과 경험을 바탕으로 21세기의 미래 유망 산업인 생명공학과 환경 산업에도 진출할 계획이라고 한다. 아울러 SK그룹은 지방자치단체와 자발적 환경 협약을 맺어 지역 환경 개선에도 앞장 서고 있다.

〈SK가 지향하는 새로운 목표는, 사내 환경 개선은 물론 지역 사회의 환경 개선에 일조하는 것입니다.〉

그룹 홈 페이지에 올려져 있는 내용의 요지이다.

한화그룹

|

〈온 국민에게 물의 생명력을 되돌려 드리겠습니다. 자연과 인간의 행복한 조화에 앞장 서겠습니다.〉

한화그룹이 추구하는 환경 이념이다.

(주)한화건설은 일찍부터 환경 사업에 진출하였다.

"저희는 국내 최초로 환경부 국산 신기술 지정을 받았습니다. 오폐수(汚廢水) 고도 처리 기술, 토양 오염 복원 기술 및 음식물 쓰레기 퇴비화 기술은 독보적인 기술입니다."

한화환경연구소 한승호 상무의 얘기이다.

"저희는 1990년대 말부터 환경 부문의 민자 유치 사업에 적극 참여하고 있습니다. 양주시, 화성시, 파주시 등의 하수 처리장 사업에 민자 유치 형식으로 참여하였습니다. 돈을 크게 버는 사업은 아니라도 온 국민에게 깨끗한 물을 공급하고 생명력을 되살린다는 것에 자부심을 갖고 있습니다. 덧붙여 환경 전문 회사로서의 이미지도 다져 가고 있습니다. 양주시의 신천 하수 처리장의 경우, 총 공사비 540억 원을 들여 1일 7만 톤의 생활 하수를 처리하는데, 질소·인까지 처리하도록 설계·시공되었습니다."

한화그룹은 자체 연구소인 한화환경연구소를 만들어 신환경 기술 개발에 역점을 두고 있다.

"자체 개발한 초임계(超臨界) 산화 처리 기술은 오폐수의 고도 처리에 아주 효과가 좋습니다. 음식물 쓰레기 자원화 기술도 개발하였습니다."

한 상무의 설명이다. 한화기계(주)도 환경 경영에 솔선하고 있다.

"환경을 지키는 일은 품질 향상 못지않게 중요한 기업의 책임입니다. 한화그룹은 ECO-2000 운동도 적극 전개합니다."

한화기계(주)는 자체 환경 방침을 마련하여 사원과 임직원들의 행동 지침으로 삼고 있다.

"우리에게 환경은 단순히 환경 법규를 지키는 소극적 수준이 아닙니다. 환경 경영만이 인류의 생존과 기업의 영속적 발전에 있어서 필수 조건임을 인식하고, 늘 자연을 보다 맑고 깨끗하게 가꾸기 위해 오늘도 노력하고 있습니다."

한화기계(주) 관계자의 설명이다. 환경을 생각하고 실천하는 그들의 노력을 지켜봐야겠다.

두산그룹
|

환경에 관한 한 두산은 할 말이 많을 것이다. 두 번 다시 떠올리고 싶지 않는 1991년의 악몽 '페놀 사건'은, 지하에 매설된 페놀 원액 탱크가 파손되어 원액이 유출된 작업장의 안전 사고이다. 누가 값비싼 원액을 일부러 흘려보내겠는가. 그런데 당시는 부도덕한 기업, 돈을 벌기 위해 악성 폐수를 유출한 기업으로 매도되었다. 변명할 시간도 주지 않았고, 해명할 분

위기도 아니었다. 운명으로 받아들이기에는 너무나 아픈 상흔이었다.

필자는 누구보다 주요 공단과 일선 환경 현장을 많이 다녔다. 사실 두산그룹만큼 환경에 대해 관심이 많고 환경에 투자를 많이 하는 기업은 찾아보기 힘들다.

두산그룹은 그룹 회장을 위원장으로, 각 계열사 사장을 위원으로 하는 그룹환경위원회를 두었다. 거기에다 환경만을 전담하는 두산환경센터를 따로 운영한다. 각 계열사별로는 사장을 위원장으로 하는 환경위원회를 두고, 환경 관리팀을 별도로 운영하고 있다.

"1991년부터 자체 감사팀을 설치하여 수시로 불시에 감사 활동을 하고 있습니다."

두산환경센터 관계자의 설명이다.

"아울러 4대 환경 보전 강령을 마련하여 임직원의 바이블로 삼고 있습니다. 즉 자연의 상태로 되돌려놓는다, 고객과 사회를 위한 환경 품질을 보증한다, 환경 개선은 내가 먼저 한다, 환경 관리 목표는 법적 규제치의 1/2이다 등이 그것입니다."

두산그룹은 환경 실천 운동으로 '5R 및 5행 운동'을 추진하고 있다. '5R 운동'은 제품의 재구성(Reformation), 설비 재

배치(Redesign), 재사용(Reuse), 감량화(Reduce), 재활용
(Recycle)을 말하며, '5행 운동'은 정리, 정돈, 청소, 청결을
실생활 속에서 실천해 나가는 것을 말한다.

"1994년 5월부터 그룹의 전 사업장을 환경 교육장으로 개
방하였습니다. 열린 기업의 실천과 함께 우리의 사업장을 학
생, 지역 주민과 함께 하려는 것이지요."

전 두산환경센터 류재성 소장의 말이다. 두산그룹은 끊임
없는 환경 보전에 대한 노력으로, 1995년 '동양맥주'가 조선
일보로부터 맑은 물 부문 대상을 수상하였다.

기아자동차

"21세기는 환경 기술을 가진 기업만이 살아남을 수 있습니
다. 특히 자동차는 첨단 환경 기술이 핵심입니다. 저희는 일
찍이 연구센터를 만들어 삼원 촉매 장치의 개발과 배기 가스
저감 기술 개발에 역점을 두었습니다."

기아연구센터 관계자의 설명이다. 기아연구센터는 설계에
서부터 환경을 생각한다.

"폐차의 재활용을 높이기 위해서는 설계 단계에서부터 해

체가 용이한 구조를 반영하거나 재활용이 용이한 재질을 써야 합니다."

소위 리사이클(recycle) 설계이다. 선진국에서는 이미 오래 전부터 리사이클 설계가 보편화되어 있다.

기아자동차의 궁극적인 목표는 인간과 자동차가 하나되는 꿈의 자동차, 인간이 함께 숨 쉬는 생명을 지닌 자동차, 환경 훼손을 최소화하여 푸른 지구를 후손에게 물려줄 수 있는 친환경 자동차를 만드는 것이다. '움직이는 환경 전도사' 가 기아자동차가 추구하는 목표이다.

필자가 환경부의 과장으로 있을 때 기아자동차 소하리공장에서 환경 특강을 한 적이 있다. 그때 기아자동차 임직원들의 환경에 대한 높은 관심에 놀랐다. 특강 후 질문 시간이 있었는데, 직장 환경 교육이 참으로 잘되었다고 느꼈다.

"저희는 환경과 안전을 기업의 생명으로 생각합니다. 자동차 산업은 늘 사람들의 생명을 다루기 때문입니다."

당시 교육 담당 임원의 얘기였다. 교육 후 필자는 소하리 공장을 둘러보았는데, 작업장 환경 관리가 매우 깨끗하고 잘 정돈되어 있어 '환경 전도사' 답다고 느꼈다.

동아제약

"환경과 제약 산업은 4촌쯤 됩니다. 초창기 환경하신 분 중에 약대를 나왔거나 제약 분야에 종사한 사람이 많았어요."

동아제약에서 생명공학 연구를 주도하는 한 연구원의 말이다. 그러고 보니 환경학자 중 권숙표 교수, 정용 교수 같은 약대 출신의 원로 학자들이 많다.

동아제약은 신약 개발에 엄청난 정성을 쏟고 있다. 유전자 재조합 기술을 동원한 진단 시약 개발은 물론, 환경 기술에까지 응용할 수 있는 생명공학 연구에 많은 투자와 노력을 기울이고 있다.

"21세기 환경 기술은 유전자 조합 등 생명공학과의 접목이 필수적입니다. 미국 등 선진국에서는 생명공학 기술을 이용한 새로운 고도 환경 처리 기술이 쏟아져 나오고 있습니다."

동아제약의 자체 환경 관리팀을 맡고 있는 관계자 설명이다. 동아제약의 자체 환경 관리는 매우 치밀하기로 소문이 나 있다. 필자가 경인환경청장으로 있을 때 반월 공단 소재 동아제약 공장을 들린 적이 있었다.

"제약은 생명 산업입니다. 환경은 모든 생명체의 바탕이 아닙니까. 저희는 완벽한 폐수 처리 시스템을 갖추고 폐기물은 거의 전량 재활용하고 있습니다."

당시 공장장의 설명이었다. 우리나라 제약산업을 이끌어 온 동아제약은 늘 연구하고 공부하는 성실한 자세로 공장 환경은 물론 환경동네를 건강하게 지키는데도 앞장 서고 있다.

한국전력공사

"가장 깨끗한 에너지가 전기입니다. 물론 전기를 만드는 과정에서 오염을 일으키지요. 이제 만드는 과정과 보급하는 과정에서의 오염을 최소화하는 것에 노력하고 있습니다. 이제 환경 친화적 전기 생산과 함께 환경 친화적 송변 설비의 조성이 시급합니다."

한전기술연구원 엄희문 부처장의 설명이다. 지난 20년간 한전은 각 발전소에 배연탈황 시설에 엄청난 예산을 투입하였다. 도시 지역의 아황산가스를 줄이기 위해서이다. 배연탈황 시설이란 연료 속에 포함된 황(黃)을 제거하는 기술로, 설비 투자가 엄청나게 드는 시설이다.

"도심을 지나는 송전 선로는 연차적으로 땅 속에 설치하여 깔끔한 도시 환경을 만들겠습니다."

엄 부장은 환경 친화적 송변전 설비 구축에 각별한 노력을 기울이고 있다고 밝혔다.

"이제, 온실가스 절감에 대한 대책을 강구할 때입니다. 기후변화협약과 교토 의정서가 채택되면서 이산화탄소의 규제가 발등의 불이 되었습니다. 우리나라가 교토 의정서에 의한 의무 규제 대상 국가는 아니지만 조만간 규제가 뒤따를 것입니다. 온실가스 대체 기술을 개발하느냐 못하느냐가 관건입니다. 저희 한전이 앞장 서겠습니다."

화석 연료를 가장 많이 사용하는 한전으로서는 21세기 최대 현안 과제인 온실가스에 대한 대책 마련이 무엇보다 급하게 되었다.

한전은 환경 개선에 앞장 선 공기업으로 온실가스 대체 에너지 개발이라는 또 다른 사명감에 불타고 있다.

아세아시멘트
|

"시멘트 산업이 공해 산업이라고요? 천만에 말씀입니다."

아세아시멘트는 오랜 기간 축적해 온 경험과 기술을 바탕으로 산업 폐기물을 시멘트의 원료와 연료로 재이용하고 있다고 이병무 회장은 밝혔다.

"시멘트 소성로는 온도가 1,600℃까지 올라갑니다. 기존의 쓰레기 소각로의 연소 온도가 800℃ 정도인 점을 고려하면 시멘트 소성로는 더없이 좋은 소각로입니다. 다이옥신 같은 2차 오염 물질을 발생시키지 않고 완벽하게 태울 수 있습니다. 폐타이어 등 처리하기 어려운 폐기물을 대체 연료로 사용함으로써 폐기물 처리 문제까지 해결하니, 님도 보고 뽕도 따는 격입니다. 연소재 같은 폐기물은 시멘트 원료로 사용합니다."

이윤무 부회장의 보충 설명이다. 먼지 억제, 폐수 처리 등 작업장 내부의 환경 관리도 완벽하다. 아세아시멘트는 진취적 행동, 창조적 사고, 지식 축적 개발이라는 3대 경영 이념을 바탕으로 국가 기간 산업인 시멘트의 안정적 공급과 함께 환경 친화적 기업 운영으로 지구 환경 보호에 기여하고 있다.

"최근 시멘트 업체들의 백두대간 훼손이 TV에 보도되었습니다. 정부에서 백두대간 보존에 대한 특별법을 준비하고 있는 것 같습니다. 저희 회사는 채석에서부터 가공에 이르기까지 철저하게 친 환경적 관리를 하고 있습니다."

제천공장 관계자의 설명이다. 오랫동안 장학 사업, 사회

봉사 활동을 선도해 온 아시아시멘트는 이제 환경동네를 살리는데도 앞장 서고 있다.

한진그룹
|

"육해공을 날고 달리다 보니 통상적인 환경 문제는 그렇게 많지 않았습니다. 다만 항공기 소음 때문에 한때 애를 태운 적이 있습니다. 해운의 경우, 현재 기름 유출 사고 방지에 역점을 두고 있습니다."

한진그룹의 환경 관리를 총괄하고 있는 (주)한국종합기술개발공사의 관계자 설명이다.

〈수송보국의 일념으로 세계를 달려온 한진그룹의 외길 반세기에 21세기형 종합 물류 기업으로 거듭나겠습니다.〉

한진그룹 홈 페이지에서 김인진 대표가 밝히고 있다. 구체적으로 환경 비전을 언급하지는 않았지만, 21세기형이라는 틀 속에 환경도 포함하는 것 같다.

대한항공은 항공기 소음에 대하여 남다른 열정을 쏟았다. 항공기 이착륙 시 100dB이 넘는 소음은 '보이지 않는 제 3의 공해' 이기 때문이다. 대한항공은 소음 피해를 적극적으로 나서서 해결하였다.

한진그룹은 환경 문제에 보다 적극적으로 대응하기 위해 환경 전문 용역업체인 (주)한국종합기술개발공사를 인수하였다.

"외부 프로젝트도 떠맡겠지만 무엇보다 그룹 내의 환경 개선에 앞장 서겠습니다. 이제 항공 산업도 환경을 고려해야 경쟁력이 있습니다. 소음만 해결하면 된다는 종전의 생각만으로는 21세기 항공 분야에서 살아남을 수 없습니다. 항공기의 디자인에서부터 폐기 시의 환경 문제까지 고려하는 기업이 되어야 합니다."

한진그룹 관계자의 설명이다.

환경 전문업체까지 인수한 한진그룹은 이제 환경 오염의 단순 정화 처리에서 벗어나 국가 환경을 선도하는 환경 기업으로 거듭날 것이다.

롯데그룹
|

"환경＝돈입니다. 환경이 비즈니스라는 뜻입니다."

롯데건설의 환경 담당 관계자의 설명이다. 롯데그룹은 식품, 유통, 관광의 선두 기업답게 환경도 비즈니스 차원에서 접근한다. 깨끗하고 좋은 환경은 그만큼 경쟁력 우위의 고부가 가치를 창출할 수 있다는 뜻이다.

롯데그룹은 거기서 한 걸음 더 나아가 저공해·무공해 상품 개발에 역점을 두고 있다. 소비 단계에서 유통 과정, 마지막 폐기 과정까지 공해를 적게 일으키는 제품 개발이 목표이다.

"이제는 에코(Eco) 상품이어야 합니다. 포장도 재활용이 가능하거나 쉽게 썩는 재질이어야 합니다."

롯데리아의 한 관계자의 설명이다. 롯데리아의 경우 1회 용품 포장재를 적게 사용하는 대책을 강구중이라고 한다.

"소비가 늘면 절전형, 절수형, 재활용형의 환경 상품(eco-products)을 생산해야 합니다. 소비자들도 같은 값이면 환경 상품을 사야 합니다."

'환경 상품' 이란 기존의 제품보다 제조 과정에서 유통 과정, 그리고 폐기 과정까지 오염을 적게 일으키는 제품을 말한다. 쉽게 얘기하자면 환경 마크가 붙은 제품이다. 롯데그룹은 환경 상품의 개발, 생산에 매우 적극적이다. 롯데 제품 중 환경 마크를 획득한 제품이 여러 개 있다.

롯데기공은 1973년부터 수(水) 처리 분야와 쓰레기 소각로 사업에 진출했다. 롯데기공에서 설계 시공한 시설이 많이 있다. 뿐만 아니라 오폐수 고도 처리 분야에 열정을 쏟고 있다.

"롯데기공은 대한민국 환경 사업 분야의 1호라는 자부심을 가지고 수십 년간 축적한 경험과 기술력을 바탕으로 승부하고 있습니다."

그러고 보니 우리나라 소각 시설의 효시라 할 수 있는 의정부 소각장은 롯데기공에서 설계하고 시공한 것이다. 또한 SOC 사업과 하수 처리장 등을 직접 운영하는 민간 위탁 관리 사업에도 적극 나서고 있다.

〈롯데는 사랑이 넘치는 풍요로운 사회의 건설을 위해 오늘도 미래를 향해, 세계를 향해 나가겠다.〉

롯데 홈 페이지에서 신격호 회장은 밝혔다.

대림산업
|

〈숲은 온갖 풀과 나무들이 어우러지고 새들과 짐승이 깃들어 사는 대자연입니다. 한숲(大林)은 우리 민족이 생각하는 지고지선(至高至善)의 상태를 의미하는 '한'과 대자연인 '숲'이 만나 풍요로운 숲, 쾌적한 숲, 광대무한한 숲을 만들어낸

다는 뜻입니다.〉

대림산업 홈 페이지에 소개된 내용이다. 대림산업은 오래
전부터 환경과 인연을 맺고 있다. 지금은 통합되어 없어진 대
림엔지니어링에 환경 사업부를 따로 두어 환경 기초 시설의
설계 감리를 많이 했다.

"1980년대 중반 당시 환경청에서 발주한 '수도권 지역 매
립지 타당성 조사'를 대림엔지니어링에서 했습니다. 당시만
하더라도 매립지에 대한 체계적인 조사가 전혀 안 된 상태였
습니다."

당시 대림엔지니어링의 환경 사업부를 맡았던 김성호 씨
의 설명이다. 그때 필자는 환경청의 폐기물과에서 사무관으
로 일했었는데, 타당성 조사를 맡았던 환경 사업부 팀의 인적
구성이 매우 우수하였던 것으로 기억한다. 그 외에도 주요 도
시의 하수 처리장의 설계에 관여하였고, 오폐수 고도 처리 기
술 분야에도 활발한 연구를 추진하였다.

계열사인 (주)삼호는 도시 계획, 토목, 상하수도 사업 분
야에서 괄목할 만한 실적을 쌓았다. 대림산업은 직접 참여한
환경 산업뿐만 아니라 늘 '한숲 정신'을 바탕으로 쾌적하고
풍요로운 환경동네 만들기에 솔선하고 있다.

(주)새한

"우리 후손들이 맑은 물과 깨끗한 공기, 아름다운 자연 속에서 살아가도록 하겠습니다."

일찍이 환경 산업에 뛰어든 (주)새한의 목표이다. (주)새한은 환경 기술 개발에 과감한 투자를 했다. 1989년부터 시작된 5년간의 연구 개발에 대한 집중 투자로, 수입에 의존하던 역삼투 멤브레인(membrane)의 국산화에 성공했다.

"역삼투 멤브레인은 바닷물을 마실 수 있는 물로 바꿀 수 있는 시스템입니다."

(주)새한이 개발한 역삼투 멤브레인은 '제일합섬 멤브레인'으로 이름을 붙였다. (주)새한의 전신인 제일합섬의 이름을 딴 것이다. 이 시스템은 삼성반도체 기흥공장의 초순수 제조 시설과 폐수 처리 시설에 응용되었다.

"폐수 원수의 BOD가 200~500ppm인데, 처리수는 5ppm 이하입니다. 반도체 제조용 초순수의 경우, 탁도가 거의 제로에 가깝습니다."

충북 제천시 하수 처리장의 경우도 원수의 BOD가 100~150ppm인데 방류수는 2ppm 이하이다. 이 정도면 팔당 원수 정도의 수질이다.

"수 처리 분야에서 세계적인 기업이 될 것입니다. 2000년
에는 세계적인 수 처리 전문업체인 캐나다 제논사(Zenon)와
기술 제휴까지 했습니다."

(주)새한의 한 관계자의 설명이다. (주)새한은 보다 저렴한
비용으로 최적의 환경을 만드는데 오늘도 노력하고 있다. (주)
새한은 오랜 연구 끝에 자연에서 분해가 되는 생분해성 수지
(樹脂), 쉽게 얘기하면 썩는 비닐의 개발에도 성공하였다.

"저희가 개발한 바이오에션(bioesion)은 폐기 후 1~2년이
지나면 완전 자연 분해됩니다."

썩는 비닐의 개발은 환경인들의 오랜 숙원 사업이었다. 기
대를 해보자.

금호건설

|

"설계 단계에서부터 쾌적하고 편리한 주거 공간과 환경을 고
려하고 있습니다. 시공 단계에서는 비산 먼지, 폐기물 발생을
최소화하려고 노력하고 있습니다. 그래서 환경부, 서울시 등
으로부터 환경상을 수없이 수상했습니다."

금호건설 관계자의 설명이다. 아닌 게 아니라 금호건설은

환경 분야의 수상 실적이 유난히 많다.

"마치 상을 타기 위해 일하는 회사 같아요. 2001년과 2003
년에 환경부로부터 환경 경영 대상을, 환경 친화적 건설로 서
울시 환경상, 구리 시장상, 영등포 구청장상을 받았습니다."

환경부 관계자의 분석이다. 그러고 보니 금호건설이 시공
한 아파트나 쇼핑센터, 관공서 건물들은 대부분 환경 친화 사
업장으로 지정되어 있다.

〈환경 보전의 기술이 예술로 승화하는 초일류 기술 개발
에 승부를 걸고 있습니다. 철저한 장인 정신을 바탕으로 무한
경쟁 시대에 대비하여 글로벌 건설 회사로 거듭나고자 합니
다.〉

금호건설 홈 페이지에서 밝힌 내용이다. 금호건설은 차세
대 첨단 환경 기술의 개발을 통하여 21세기 초일류 기업으로
웅비하고 있다.

"고도(高度) 정수 시스템의 패키지화 기술, 폐타이어 재활
용을 통한 건설 신소재 기술 개발에 성공했고, 특허도 받았습
니다."

금호기술연구소 관계자의 설명이다.

금호건설을 중심 축으로 '미래'와 '세계'와 '최고'를 지향
하는 금호그룹의 환경 경영을 지켜보아야겠다.

태영건설
|

"환경을 위한 건설, 미래를 위한 건설에 노력하고 있습니다. 하수처리 시설의 시공과 운영 분야에서는 국내 최고의 실적과 기술 노하우를 갖고 있습니다."

태영건설 변두원 이사의 설명이다. 태영건설은 건설업체로 비교적 늦게 출발하였지만 끊임없는 투자와 인재 양성, 기술 개발을 통하여 국내 토목, 건축 공사 시공 능력 17위로 급부상하였다(2002년 기준).

뿐만 아니라 태영건설은 환경 사업 본부를 별도로 두고 환경 사업 분야의 영역을 넓혀 나가고 있다. 이미 하수 처리장의 설계, 시공, 운영은 국내 최고 수준에 이르렀다. 실제로 시·군에서 운영중인 수많은 하수 처리장을 태영건설에서 시공하였는데, 직접 운영 관리까지 맡고 있는 곳도 있다.

"환경 기초 시설의 운영을 통하여 최상의 21세기 휴먼 라이프(human life)를 구현하고자 합니다. 폭기조(曝氣槽)*를 관리할 때면 어린 아기를 양육하는 것 같습니다. 정성을 들이

---

* 폭기조(aeration tank)는 생물학적 처리법으로 공기를 불어 넣어 폐수와 하수를 처리하는 시스템이다.

고 마음을 쏟아야지, 조금만 방심해도 금방 이상 징후가 옵니다."

태영건설 문경하수처리장 유원조 소장의 설명이다. 태영건설은 '환경을 위한 건설', '미래를 위한 건설'이라는 분명한 목표를 설정하였다. 환경 사업 중에서도 '물은 생명이다'라는 SBS 캠페인과 함께 물을 살리는 사업에 역점을 두고 있다. 인력 관리의 핵심 브레인들이 환경 기술팀, 상하수도 팀에 전진 배치되어 있다.

"지구 환경 보전에 앞장 서는 환경 산업의 선두주자가 되겠습니다. 환경 산업의 세계 시장 규모는 연간 20~30억 달러입니다. 환경 산업은 돈도 벌고 환경도 살리는 21세기 유망 산업입니다. 환경 산업은 첨단 환경 기술 개발이 수반되어야 합니다."

태영건설 관계자들은 환경 산업과 환경 기술 개발에 대한 확고한 신념과 철학을 갖고 있다.

동부건설, 동부엔지니어링

〈34년 건설 외길을 걸어왔습니다. 하수 처리 시설에 대한

SOC 사업, 건축 사업, 리모델링(Remodelling) 사업, 건설 엔지니어링, 환경 사업 등으로 사회에 봉사하겠습니다.〉

동부건설 홈 페이지에서 백호익 대표는 밝히고 있다. 동부건설은 리모델링 사업에 상당한 공을 들이고 있다.

"리모델링 사업이야말로 노후된 건물에 새로운 가치를 부여하고 자원을 아끼고 절약하는 친 환경 사업입니다. 세종문화회관 리모델링 공사와 은평아파트 재건축, 재래 시장의 환경 개선 사업 등을 성공적으로 마쳤습니다."

동부건설 관계자의 설명이다. 동부건설의 알짜배기 환경 사업은 동부엔지니어링에서 떠맡고 있다.

"상하수도 분야, 수질, 대기, 소음 진동 방지 시설에 대한 설계, 감리에 많은 실적을 쌓았습니다. 환경 영향 평가 관련 사업도 많이 했습니다."

동부건설, 동부엔지니어링은 요란하지 않게 환경 사업에 앞장 서고 있다. 특히 건설엔지니어링 분야에서는 타의 추종을 불허한다. 동부건설은 회사 심볼인 '태양 마크' 처럼 열정적으로 그리고 회사의 상징 동물인 사슴처럼 우아하게 표 안 나고 실속 있는 환경 사업에 열과 성을 다하고 있다.

도로공사

|

"호텔 화장실 같아요. 옛날에는 고속도로 휴게소 화장실이라면 겁이 나고, 볼 일 본 후까지 찝찝하고 기분이 안 좋았는데 지금은 기분이 좋아요. 너무너무 깨끗하니까요."

필자가 어느 휴게소에 들렀을 때 화장실 입구에 있던 중년 부인들의 대화 내용이다.

도로공사에서 참으로 큰 일을 했다. 1995년도까지만 해도 고속도로 휴게소의 화장실은 정말 '옛날의 공중변소'였다. 냄새가 나고, 바닥은 물이 고여 있고, 화장실의 변기는 표현할 수조차 없을 만큼 지저분했다. 화장실 안에 화장지가 없는 게 당연했다. 있는 게 오히려 정상이 아니었다.

"두 가지 측면에서 획기적인 개선이 있었어요. 첫째는 돈을 들여 시설을 현대식으로 보완했고, 둘째는 화장실 별도 관리 책임자를 지정하여 책임 관리하도록 했습니다."

도로공사 관계자의 설명이다. 명쾌한 설명이다. 오랜만에 제대로 된 대책을 보는 것 같다.

"아시안 게임 때와 서울 올림픽 때 경기 외적인 대책 중 가장 고민스러웠던 것 중의 하나가 바로 외국 관광객에 대한 공중 화장실 문제였습니다."

올림픽 때 올림픽 조직위원회에 파견 나갔던 관계자의 설명이다. 필자가 기억하기로도 당시 고속도로 휴게소를 포함한 공중 화장실 문제는 외국 관광객을 맞기에는 부적절했다.

"고속도로의 화장실 문화가 바뀌면서 일반 국도와 국공립공원 등의 화장실 문화까지 바뀌는 시너지 효과를 가져왔습니다."

환경부 생활오수과 관계자의 설명이다.

"고속도로 휴게소 화장실은 빙산의 일각입니다. 고속도로공사도 친 환경적 설계, 시공을 중점 과제로 추진하고 있습니다. 사업의 시행 단계에서부터 철저한 사전 환경성 검토를 거치고 환경 영향 평가를 완벽하게 시행하고 있습니다. 지금 제일 안 되는 것이 고속도로 휴게소의 쓰레기 재활용품 분리 수거입니다. 재활용품 분리함을 비치하였는데도 잘 안 되고 있습니다."

도로공사 김상택 부장의 설명이다. 재활용품 분리 수거 문제는 고속도로 휴게소만의 문제는 아닌 것 같다. 시민들의 참여와 정부의 홍보 대책이 함께 어우러져 해결해야 할 환경동네의 공동 숙제이다.

한솔그룹

|

〈우리는 이름부터가 친 환경적입니다. 그룹의 슬로건도 '푸른 한솔'입니다. 우리 한솔 그룹은 클린(clean) 정신, 청년 정신, 창조 정신을 담아 늘 푸른 생각으로 환경 기업으로서의 이미지를 지켜 나가고 있습니다.〉

한솔그룹 홈 페이지에 언급된 내용이다. 한솔그룹은 주력 업종이 제지이다. 특히 신문 용지 수급 시장에서 절대적 위치를 지켜왔다. 제지업은 물을 많이 사용하여 폐수 배출량이 유난히 많다.

"폐수의 완전한 처리에 많은 투자와 노력을 했습니다. 그리고 펄프의 주 원료가 나무라는 측면에서 환경 복원을 기업 이념의 하나로 정했습니다. 제지, 환경 플랜트 사업의 핵심 역량 강화를 위해 그룹 내에 한솔EME가 설립되었습니다."

한솔EME 관계자의 설명이다. 한솔EME는 소각로 사업, 오폐수 처리, 엔지니어링 사업 등 환경 전문업체이다.

"21세기 유망 산업인 환경 산업의 선두주자가 되고자 합니다. 앞선 첨단 환경 기술을 통하여 수출 전략 산업으로 발전시키겠습니다. 사람, 기술, 미래라는 경영 이념을 바탕으로 환경 기술의 새로운 시대를 열겠습니다."

한솔그룹의 한 관계자의 설명이다. 한솔그룹에서 자체 개발한 유동상(流動床) 소각로 기술과 오폐수 고도 처리 기술은 경제성과 기술성을 겸비한 유망 기술로 평가받고 있다.

〈자연, 문화, 인류의 만남을 통해 보다 나은 삶을 창조하는 한솔이 되겠습니다.〉

한솔그룹 홈 페이지에 올려져 있는 글귀이다. 한솔그룹의 차원 높은 자연 사랑, 환경 사랑을 엿볼 수 있는 대목이다.

코오롱그룹

|

"환경 산업＝환경 기술입니다. 환경 산업에서 성공하려면 경쟁력 있는 우리만의 차별화된 환경 기술이 있어야 된다는 뜻입니다. 지금은 코오롱건설에 흡수된 코오롱엔지니어링 때부터 환경 기술 개발에 진력하여, 2001년에는 환경부 장관으로부터 환경 기술상을 받았습니다. 그동안 국내는 물론 동남아에서 상하수도 시설 공사를 많이 했습니다. 베트남 광역 상수도, 하노이 상수도, 요르단 마다바 하수 처리장, 스리랑카 켈리 상수도 등은 저희 기술로 설계 시공한 것입니다. 뿐만 아니라 하수 처리장과 소각장을 전문적으로 운영하기 위해 별

도의 전문회사(KESCO)를 설립하였습니다."

코오롱건설 관계자의 자랑 겸 설명이다.

코오롱그룹은 섬유, 화학, 패션, 건설, 서비스 등 겉으로 보기에는 환경 산업과 크게 관련이 없는 것 같다. 그러나 실상은 그렇지 않다. 지금은 코오롱건설에 흡수 통합되었지만, 코오롱엔지니어링은 환경 기술 엔지니어링의 선두주자라 불릴 만큼 상하수도 고도 처리 기술 등 환경 기술 분야에 정통하다.

"코오롱엔지니어링의 기술진은 참으로 우수했습니다. 기술사와 박사학위를 소지한 고급 인력을 중심으로 짜여져 있었습니다."

코오롱엔지니어링 전무를 역임한 손성섭 박사의 설명이다. 필자도 환경부 기술개발과장, 폐기물과장을 지낼 때 코오롱엔지니어링으로부터 직간접으로 기술 자문을 받던 기억이 난다.

〈나는 그동안 등산을 하는 기분으로 인생을 살아왔습니다. 나는 나 나름대로 정상을 향한 높은 이상을 세워놓고 꾸준히 그리고 착실히 한 걸음 한 걸음 걸어왔습니다. 인생의 등산길에서 많은 어려움을 겪었습니다. 그러나 좌절하지 않고 포기하지 않았으며, 소망과 용기를 가지고 현실을 긍정적

으로 받아들여 가능성을 찾아 도전해 왔습니다.〉

코오롱그룹 홈 페이지에 올려져 있는 이동찬 명예 회장의 얘기이다. 환경에 대한 언급은 없지만, 그는 평소 누구보다 환경에 관심이 많았다고 코오롱그룹 관계자는 얘기한다.

〈One & Only의 경영 방침 아래 미래 사회에서 중시되는 자연 친화 개념을 도입하여 자연을 닮은 기술을 펼쳐 가고 있습니다.〉

코오롱건설 홈 페이지에 있는 내용이다. 지켜보자, 오랜 환경 친구 코오롱을.

태평양그룹
|

"환경＝아름다움, 아름다움＝태평양입니다. 그렇다면 환경 ＝태평양 아닙니까."

태평양종합산업(주) 관계자 P씨의 괴변이다

"제 얘기가 허황되게 들릴지 모르지만 저희 회사는 회사의 성격상 늘 아름다움(美)을 추구합니다. 아름다움은 지고지선(至高至善)입니다. 그 아름다움에는 작업장 환경도 당연히 포함됩니다. 늘 깨끗한 물, 맑은 공기, 좋은 원료를 사용해야 하고 처리도 깨끗이 하고 있습니다."

그러고 보니 필자가 경인환경청장으로 재직할 때 태평양
(주) 수원공장에서 특강을 한 기억이 난다. 그때 공장도 견학
했는데 P씨의 설명이 어느 정도 납득이 간다.

〈저희는 공장의 폐수를 거의 완벽하게 처리합니다. 제가
공장장으로 취임한 후 한 번도 기준치를 초과한 적이 없습니
다. 뿐만 아니라 화장품 용기의 재활용과 리필 제품에 대한
연구도 강화했습니다. 우리는 환경을 사랑합니다. 나눔의 작
은 실천은 큰 행복입니다. 우리는 정기적으로 알뜰 재활용품
기증 행사를 실시하고 있습니다.〉

(주)태평양 서경배 사장이 홈 페이지에서 밝힌 내용이다.

태평양그룹은 '아나바다' 운동, 즉 아껴 쓰고, 나눠 쓰고,
바꿔 쓰고, 다시 쓰는 운동에도 적극적으로 참여하고 있다고
서 사장은 밝혔다.

풀무원
|

〈생명을 하늘과 같이 여기고 자연을 담는 기업으로 21세기
바이오 산업의 리더가 되겠습니다.〉

풀무원의 홈 페이지에서 CEO가 쓴 글귀이다. 풀무원은 회사 명칭은 물론 로고에서부터 친 환경적 냄새가 물씬 스며난다. 풀무원은 1980년대 초 압구정동의 조그마한 야채 가게에서 출발하여 건강보조식품, 화장품, 생활용품, 유통 산업에까지 진출하였다. 풀무원은 회사 내의 자체 '환경 보전 수칙'을 제정하여 전 사업장이 이를 지키고 있다.

〈8개의 환경 기본 원칙은 공장장은 물론 현장 관리인의 생활 신조입니다. 환경 보전은 저희 회사의 기업 이념입니다. 작은 힘이지만 기업 환경 보전에 앞장 서겠습니다.〉

홈 페이지에서 CEO는 강조하고 있다.

풀무원의 전 사업장은 법적 규제치의 1/2이하를 철저히 준수하고 있다고 관계자는 설명한다. 필자의 기억으로도 풀무원이 환경 기준치를 초과하여 적발된 사례를 보지 못했다. 뿐만 아니라 풀무원은 제품의 원료에서부터 생산, 유통, 폐기까지 전 과정의 환경 문제를 오래전부터 실천하고 있다.

1995년으로 기억된다. 필자가 환경부 음용수 관리과장으로 재직할 때 '먹는 물 관리법'을 실무적으로 입안하면서 충북 괴산에 있는 풀무원 생물공장을 방문한 적이 있었다. 채공 과정에서부터 지하수 오염 방지에 이르기까지, 완벽에 가까운 관리를 하고 있었다.

필자는 '먹는 물 관리법'의 세부 규정을 마련하면서 풀무원 생물공장의 내부 관리 시스템을 많이 참고했었음을 이 지면을 통해 밝힌다.

삼표산업

|

"이(李) 이사, 나더러 그 너절한 땅 장사를 하란 말이오?"

"꼭 땅 투기를 하시라는 것은 아닙니다. 지금 평당 2~3천 원 하는 땅을 크게 잡아 훗날 개발하면 정 회장의 꿈인 제철산업 자금을 족히 마련할 수 있을 것으로 생각합니다."

강남 개발 계획이 마련될 무렵, 당시 이동욱 동아일보 이사와 삼표산업의 창업주인 정인욱 회장의 대화 내용이다. 1970년대의 일이다. 정 회장이 생전에 자주 썼다는 '너절한' 이란 말에는 '떳떳하지 못한', '품격이 낮은', '추잡스런' 등 등의 의미가 내포된다. 사업 목적도 떳떳해야 하지만, 그 방법 또한 떳떳해야 한다는 것이다.

그래서 그런지 삼표산업은 아직 번번한 사옥조차 없다. 사업가는 사업을 해야지 땅 투기나 부동산에 신경을 써서는 안 된다는 창업주의 투철한 기업가 정신이 지금도 이어지고 있는 셈이다.

"삼표연탄에서 출발하여 강원산업을 거친 삼표산업이 주력 기업입니다. 저희 회사는 자원 개발과 연관이 많습니다. 이제 모든 자원 개발은 친 환경적이어야 합니다. 자원을 개발한 후 원상 복구에도 관심을 기울이고 있습니다."

삼표산업의 석산 운영팀 관계자의 설명이다. 삼표산업은 수도권 지역 골재와 레미콘을 25% 가까이 장악하고 있다.

"석산 운영의 경우 전형적인 공해 업종입니다. 작업장 먼지, 발파로 인한 소음·진동, 생태계 문제 등이 발생합니다. 이제 저희는 자체 환경 문제를 능동적으로 해결하고 나아가 환경 산업에 진출하고자 합니다. 환경 산업은 21세기에 가장 각광받는 산업이 될 것이며, 저희가 거기에 동참하고자 하는 것입니다."

삼표산업 경영관리팀 관계자의 설명이다.

필자가 삼표산업과 인연을 맺게 된 것도 삼표산업의 환경 산업 진출과 무관하지 않다. 환경 친화적 기업으로 거듭나는 삼표산업이 새로운 환경 총아가 될 것인지 지켜봐야겠다. 필자도 삼표산업이 환경 친화적 기업으로 거듭나는데 작은 밀알이 되고자 한다.

환경동네 이야기

초판 발행   2004년 2월 15일
개정판 1쇄 인쇄   2010년 5월 10일
개정판 1쇄 발행   2010년 5월 15일

지은이 I 신현국

인쇄 I 한영문화사

펴낸이 I 김제구
펴낸곳 I 리즈앤북

등록번호 I 제 22-741호   등록일자 I 2002년 11월 15일
주소 I 141-841 서울시 마포구 서교동 463-31 플러스빌딩 4층
전화 I 02)332-4037   팩스 I 02)332-4031
이메일 I riesnbook@paran.com

ISBN 978-89-90522-59-7 (03300)